学语文为的是用，就是所谓"学以致用"。经过学习，读书比以前读得透彻，写文章比以前写得通顺，从而有利于自己所从事的工作，这才算达到学习语文的目的。

——叶圣陶

孩子，语文一点儿也不难

中国著名教育家
叶圣陶 朱自清 —— 等 著

图书在版编目（CIP）数据

孩子，语文一点儿也不难 / 叶圣陶等著． -- 北京：朝华出版社，2023.2
　　ISBN 978-7-5054-5045-5

Ⅰ．①孩… Ⅱ．①叶… Ⅲ．①语文课－教学研究－中小学 Ⅳ．①G633.302

中国国家版本馆CIP数据核字(2023)第000682号

本书部分作品著作权由中国文字著作权协会授权
电话：010-65978917，传真：010-65978926，
E-mail：wenzhuxie@126.com

孩子，语文一点儿也不难

作　　者	叶圣陶　等
选题策划	时一男　王静怡
责任编辑	林　鸿
特约编辑	王　丹　王　静
责任印制	陆竞赢　崔　航
装帧设计	人马艺术设计·储平

出版发行	朝华出版社		
社　　址	北京市西城区百万庄大街24号	邮政编码	100037
订购电话	（010）68996061　68995512		
传　　真	（010）88415258（发行部）		
联系版权	zhbq@cipg.org.cn		
网　　址	http://zhcb.cipg.org.cn		
印　　刷	万卷书坊印刷（天津）有限公司		
经　　销	全国新华书店		
开　　本	880mm×1230mm　1/32	字　　数	135千字
印　　张	6.75		
版　　次	2023年2月第1版　2023年2月第1次印刷		
装　　别	平		
书　　号	ISBN 978-7-5054-5045-5		
定　　价	49.00 元		

版权所有 翻印必究·印装有误 负责调换

目录

Part 1 如何学习好语文

认真学习语文 / 叶圣陶　　2

读别人的文章，说自己的话 / 赵树理　　15

从记事练起，天天练，认真练 / 老舍　　21

怎样学习国文 / 朱自清　　25

Part 2　有趣的汉字

　　说文解字 / 朱自清　　　　　　　　　　32

　　你识多少字 / 姜建邦　　　　　　　　　42

　　汉字的趣味 / 姜建邦　　　　　　　　　48

　　联语 / 姜建邦　　　　　　　　　　　　54

　　字的建筑 / 姜建邦　　　　　　　　　　59

Part 3　学好语法和词汇

　　学习词汇的一例——"深"和"浅" / 朱文叔　　66

　　谈语言 / 王力　　　　　　　　　　　　75

　　语法修辞与阅读写作 / 张志公　　　　　80

　　怎样锻炼思路 / 张志公　　　　　　　　89

　　中国语文的三个阶段 / 梁实秋　　　　　100

Part 4　古文同样很重要

　　怎样学习古代汉语 / 王力　　　　　　　106

　　古文学的欣赏 / 朱自清　　　　　　　　128

　　与友人论学习古文 / 孙犁　　　　　　　136

　　经典常谈 —— 诗经 / 朱自清　　　　　144

　　经典常谈 —— 辞赋 / 朱自清　　　　　152

　　经典常谈 —— 诗 / 朱自清　　　　　　162

Part 5　大师学习语文的历程

　　我的老师董秋芳先生 / 季羡林　　　　　178

　　语文课外的书 / 洪子诚　　　　　　　　183

　　语文第一课 / 周汝昌　　　　　　　　　190

　　怀李叔同先生 / 丰子恺　　　　　　　　197

Part 1

-

如何学习好语文

语文课的主要任务是训练思维,
训练语言(同时也训练思想品德),
而思维能力和语言能力,儿童时期打下的基础极关重要。
——叶圣陶

学习语文要练基本功。写一篇文章,就语文方面讲,用一个字,用一个词,写一个句子,点一个标点,以及全篇的结构组织,全篇的加工修改,这些方面都要做到家才算好。

认真学习语文

叶圣陶

学习语文的确很重要。近几年来越来越多的人觉得自己的语文程度不够高。语文程度不够高，大约指两个方面：一方面是阅读。比方看《人民日报》的社论，有些人看是看下去了，可是觉得不甚了然，抓不住要点，掌握不住精神。另一方面是写作。写了东西，总觉得词不达意，仿佛自己有很好的意思，只因为写作能力差，不能把它充畅地表达出来。这就可见阅读和写作两方面的能力都要提高。

阅读是怎么一回事？是吸收。好像每天吃饭吸收营养料一样，阅读就是吸收精神上的营养料。要做一个社会主义时代的公民，吸收精神上的营养料比任何时代都重要。写作是怎么一回事？是表达。把脑子里的东西拿出来，让人家知道，或者用嘴说，或者用笔写。阅读和写作，吸收和表达，一个是进，从外到内，一个是出，从内到外。这两件事无论做什么工作都是经常需要的。这两件事没有学好，不仅影响个人，还会影响社会。说学习语文很重要，原因就在这里。

一、对学习语文要有正确的认识

什么叫语文？语文就是语言，就是平常说的话。嘴里说的话叫口头语言，写到纸面上的叫书面语言。语就是口头语言，文就是书面语言。把口头语言和书面语言连在一起说，就叫语文。这个名称是从一九四九年上半年用起来的。以前，这个学科的名称，小学叫"国语"，中学叫"国文"，一九四九年以后才统称"语文"。

语言是一种工具，工具是用来达到某个目的的，工具不是目的。比如锯子、刨子、凿子是工具，是用来做桌子一类东西的。我们说语言是一种工具，就个人说，是想心思的工具，是表达思想的工具，就人与人之间说，是交际和交流思想的工具。思想和语言的关系是很密切的，一般说来，想心思得靠语言来想，不能凭空想。固然，绘画、音乐、舞蹈表达思想内容是不凭借语言的，绘画凭借线条和色彩，音乐凭借声音和旋律，舞蹈凭借动作和姿态，可是除了这些以外，表达思想都要依靠语言。

就学习语文来说，思想是一方面，表达思想内容的工具又是一方面。工具有好有坏，有的是锋利的，有的是迟钝的，有的合用，有的不合用，这是一方面。思想也有好有坏，有的是正确的，有的是错误的，有的很周密、深刻，有的很粗糙、浮浅，这又是一方面。学习语文，这两方面都要正确对待。有些人，而且是不少的人，对待这两方面不够正确。

有些人认为，只要思想内容好，用来表达的语言好不好无所谓。有些人甚至认为语文是雕虫小技，细枝末节，不必多注意。既然这样，看书无妨随随便便，写文章无妨随随便便。文章写出来半通不通不以为不对，反而认为只要思想内容好，写得差些没有关系。实际上，看书，马马虎虎地看，书上的语言还不甚了然，怎么能真正理解书的内容？写文章，马马虎虎地写，用词不当，语句不通，怎么能说思想内容好？文章写不通，主要由于没想通，半通不通的文章就反映半通不通的思想。

有些人认为只要学好了语文，思想内容的问题也会随之解决，因而就想专在字词语句方面下功夫，这个想法也不对。有人写工作总结写不好，写调查研究的报告写不好，认为这只是"写"的问题。学好了语文，工作总结和调查报告是不是一定写得好？不见得。写工作总结必须参加了某项工作，对这一项工作比较全面地了解，知道这一项工作的优点和缺点，经验和教训，加上语文程度又不错，这才能写。写调查报告也一样，一定要切切实实地进行调查，材料既要充分又要有选择，还要恰当地安排，才能写好。

这样说起来，要写好工作总结和调查报告，既要在语文方面下功夫，也要在实践方面下功夫。两方面的功夫都要认真地做，切实地做。

学语文为的是用，就是所谓"学以致用"。经过学习，读书比以前读得透彻，写文章比以前写得通顺，从而有利于自己所从事的工作，这才算达到学习语文的目的。进一步说，学习语文还可以养成思想精密的习惯，理解人家的意思理解得透彻，表达自己的意思表达得准确；还有培养品德的好处，如培养严肃认真、一丝不苟的态度等。这样看来，学习语文的意义更大了，对于做工作和培养品德都有好处。

二、学习语文不能要求速成

我常常接到这样的信，信上说"我很想学语文，希望你来封信说说怎样学"。意思是，去一封回信，他一看，就能学好语文了。又常常有这样的请求，要我谈谈写作的方法。我谈了，谈了三个钟头。有的人在散会的时候说："今天听到的很解决问题。"解决问题哪有这么容易？哪有这么快？希望快，希望马上学到手，这种心情可以理解；可是学习不可能速成，不可能画一道符，吞下去就会了。学习是急不来的。为什么？学习语文目的在运用，就要养成运用语文的好习惯。凡是习惯都不是几天工夫能够养成的。比方学游泳，先看看讲游泳的书，什么蛙式、自由式，都知道了。可是光看书不下水不行，得下水。初下水的时候很勉强，一次勉强，二次勉强，勉强浮起来了，一个不当心又沉了下去。要到勉强阶段过去了，不用再想手该怎么样，脚该怎么样，自然而然能浮在水面上，能往前游，这才叫养成了习惯。学语文也是这样，也要养成习惯才行。习惯是从实践里养成的，知道一点做一点，知道几点做几点，积累起来，各方面都养成习惯，而且全是好习惯，就差不多了。举个最简单的例子，写完一句话要加个句号，谁都知道，一年级小学生也知道。但是偏偏有人就不这么办。知道是知道了，就是没养成习惯。

一定要把知识跟实践结合起来，实践越多，知道得越真切，知道得越真切，越能起指导实践的作用。不断学，不断练，才能养成好习惯，才能真正得到本领。

有人说，某人"一目十行"，眼睛一扫就是十行。有人说，某人"倚马万言"，靠在马旁边拿起笔来一下子就写了一万个字。读得快，写得快，都了不起。一目十行是说读书很熟练，不是说读书马马虎虎；倚马万言是说写得又快又好，不是说乱写一气，胡诌不通的文章。这两种本领都是勤学苦练的结果。

要学好语文就得下功夫。开头不免有点勉强，不断练，练的功夫到家了，才能得心应手，心里明白，手头纯熟。离开多练，想得到秘诀，一下子把语文学好，是办不到的。想靠看一封回信，听一回讲演，就解决问题，是办不到的。

有好习惯，也有坏习惯。好习惯养成了，一辈子受用；坏习惯养成了，一辈子吃它的亏，想改也不容易。比如现在学校里不少学生写的错别字很多,学校提出要纠正错别字,要消灭错别字。错别字怎么来的呢,不会写正确的形体吗?不见得。有的人写错别字成了习惯,别人告诉了他,他也知道错,可是下次一提笔还是错了。最好是开头就不要错,错了经别人指出,就勉强一下自己,硬要注意改正。比方"自己"的"己"和"已经"的"已"搞不清楚,那就下点功夫记它一记,随时提高警惕,直到不留心也不会错才罢休。

这个讲座要给大家讲一些好文章,让大家和好文章接触,学习作者怎样想心思,怎样安排材料,怎样看问题,怎样下结论,同时学习他怎样用语言来表达。通过这些好文章的讲读,帮助大家提高阅读的能力,养成认真读书的好习惯。还要讲一些有问题的文章和不大好的文章,或者意思不很完整,或者语言不够正确。请大家先看看这些文章有什么问题,哪些地方不好,怎么修改就对了,自己先想过一通,然后听别人讲,两下对一对,很可以提高看文章的眼光,提高写文章的能力。

三、学习语文要练基本功

学习语文要练基本功。写一篇文章,就语文方面讲,用一个字,用一个词,写一个句子,点一个标点,以及全篇的结构组织,全篇的加工修改,这些方面都要做到家才算好。这些方面都得下功夫,都得养成好的习惯。这样,写起文章来就很自由,就没有障碍,能够从心所欲。培养这些方面的能力,使之养成好的习惯，就叫练基本功。

一出戏要唱功做功都好是不容易的。最近我看周信芳、于连泉（筱翠花）几位总结他们表演艺术经验的书，讲一个动作如何做，一句唱词如何唱，都有很多道理。道理不是嘴上说说的，是从实践里归结出来的。我们学习语文，看文章写文章也能达到他们这样程度，就差不多了。学戏的开始，不是从整出的戏入手的，一定要练基本功，唱腔，道白，身段，眼神，一举手，一投足，都要严格训练，一丝不苟。起初当然勉强，后来逐渐熟练，表演出来就都合乎规矩。然后再学一出一出的戏。学绘画，要先练习写生，画茶杯，画花瓶，进一步练速写，这些都是基本功。学音乐、舞蹈也一样，都要练基本功。木工做一张桌子也不简单，锯子、刨子和凿子，使用要熟练，要有使用这些工具的好习惯，桌子才做得合规格。总之，无论学什么，练基本功是很重要的。

学语文的基本功是什么？大体上说有以下几方面。

第一，识字写字。同志们可能想，谁还不识字，这个功夫没有什么可练的。可是一个字往往有几个意义，几种用法，要知道得多些，个个字掌握得恰当，识字方面还得下功夫。比如"弃甲曳兵而走"，这是《孟子》上的一句话。小学生可能不认识"曳"字，其余都是认识的。可是小学生只学过"放弃""抛弃"等词，没用过单用的"弃"字。至于"甲"知道是"甲、乙"的"甲"，"兵"知道是"骑兵""伞兵"的

"兵","走"知道是"走路"的"走"。他们不知道"甲"是古代的军装,"兵"在古代语言中是武器,古人说"走",现代人说"逃跑"。"曳"这个字现代不用了,只说"拖"。"而"字在现代语言中是有的,如"为……而……奋斗""为某人的健康而干杯",可是按照"弃甲曳兵而走"这句话的意思,"而"字就用不着了。用现代话说,这句话就是"丢了铠甲拖着武器逃跑"。到高中程度,识字当然要比小学比初中更进一步,对某些字知道更多的意义和用法。中国字太多,太复杂,谁也不能夸口说念字不会念错。字要念得正确,不要念别字。这也是识字方面应该下的功夫。

写字,也要下些功夫。不一定要去买什么碑帖,天天临它几小时,这不需要;可是字怎么写,总要有个规矩。写下的字是让人家看的,不要使人家看不清楚,看得很吃力。有时候我接到些信,字写得不清楚,要看好些时间,看得很吃力。不要自己乱造字,简化字有一定的规范,不要只管自己容易写,不管别人难于认。字要写得正确,一笔一画,都辨得很明白;还要写得熟练,如果写一个字要想三分钟,这怎么能适应需要。要把字写得正确熟练,这就是基本功。

第二,用字用词。用词怎么用得正确、贴切,需要比较一些词的细微的区别,这是很要紧的。比如与"密"字配合的,有"精密""严密""周密"等词,粗粗看来,好像差不多,要细细辨别,才辨得出彼此的差别。"精密"和"周密"有何不同,"精密"该用在何处,"周密"该用在何处,都要仔细想一想。想过了,用起来就有分寸。如果平时不下功夫,就不知道用哪一个才合适。

用词还有个搭配的问题。比方"成绩",可以说"取得成绩","做出成绩",如果说"造出成绩"就不对了。前边的词和后边的词,有配得上的,有配不上的,把不相配合的硬配在一起,就不行。所以用词也是基本功,无论阅读或是写作都要注意。

第三,写句子。句是由许多词组成的,许多词当中有主要的部分和附加的部分。读句子,写句子,一方面要抓住它的主要部分,要认清它的附加部分,另一方面要辨明附加部分和主要部分是什么关系。读一句话,写一句话,要能马上抓住主要的部分,能弄清楚其他的部分与主要的部分的关系,这就是基本功。长句子尤其要注意。有些文章像看得懂,又像看不懂,原因之一怕就是弄不清楚长句子的各个组成部分。

读文章,写文章,最好不要光用眼睛看,光凭手写,还要用嘴念。读人家的东西,念出来,比光看容易吸收。有感情的文章,念几遍就更容易领会。自己写了东西也要念,遇到念来不顺的地方,就要改。好的文章,要多读,读到能背。一边想,一边读,有好处。这好处就是自己脑子里的想法好像跟作者的想法合在一起了,自己的想法和语言运用能力就从而提高不少。长的文章可以挑出精彩的段落来多读,读到能背。读的时候不要勉强做作,要读得自然流畅,大家不妨试试。

第四,文章结构。看整篇文章,要看明白作者的思路。思想是有一条路的,一句一句,一段一段,都是有路的,这条路,好文章的作者是决不乱走的。看一篇文章,要看它怎样开头的,怎样写下去的,跟着它走,并且要理解它为什么这样走。比如一篇议论文,开始提出问题,然后从几个方面来说,而着重说的是某一个方面,其余几个方面只说了一点。为什么要这样安排呢,一定是有道理的。读的时候就得揣摩这个道理。再往细处说,第二句和头一句是怎样连接的,第三句和第二句又是怎样连接的,第二段和第一段有什么关系,第三段和第二段又有什么关系,诸如此类,都要搞清楚。这些就叫基本功。练,就是练这个功夫。

总起来一句话,许多基本功,都要从多读多写来练。读人家的文章,要学习别人运用语言的好习惯。自己写文章,要养成自己运用语言的好习惯。要多读,才能广泛地吸取。还要多写,越写越熟,到后来才能从心所欲。有人写了文章,自己不改,却对别人说,"费你的心改一改吧"。自己写了就算,不看不改,叫别人改,以为这就过得去,哪有这么容易的事!

写之前,要多想想,不要动笔就写。想得差不多了,有个轮廓了,可以拟个提纲。提纲可以写在纸上,也可以记在脑子里。总之,想得差不多了再写。写好以后,念它几遍,至少两三遍,念给自己听,或者念给朋友听。凡是不通的地方,有废话的地方，用词不当的地方，大致可以听出来。总之，要多念多改，作文的进步才快。请别人改，别人可能改得不怎么仔细，或者别人改的道理自己不明白，这就没有多大好处。当然，别人改得仔细，自己又能精心领会，那就很有好处。

四、要认真学习语文

认真不认真，是学得好不好的关键。希望学得好，先要有个认真的态度。看书，不能很快地那么一翻，看文章，不能眼睛一扫了事，这是囫囵吞枣。写文章，不能想都不想，动笔就写，写完了自己又懒得改。这些都是不认真的态度。如果这样，一定学不好。某个中学举行过一次测验，有一道题里学生需用"胡同"这个词，竟有不少学生把极容易的"同"字写错了。从这件事可以看出学习态度不认真。这应该由老师负责，老师没有用种种办法养成学生认真的习惯。大事情是由无数小事情加起来的，小事情不注意，而大事情却能注意，这是不能令人相信的。

有的人写了文章，别人给他指出某处是思想认识的错误，某处是语言文字上的错误，他笑了笑就算了，这也是不认真的态度的表现。写个请假条，写封信，也要注意。无论读或是写，都不能马虎。马虎是认真的反面。马虎的风气在学校里和机关里都有，要想办法改变这种坏风气。

有的老师有的家长往往说，某某孩子两天就看完了一部长篇小说，真了不起。我认为这不好。很厚的一本书两天就看完，可能只看见些影子，只记得几个人名，别的恐怕很难领悟。这样的读书法是不该提倡的。先要认真读，有了认真读的习惯，然后再求读得快。

一句话，希望诸位认真自学。在这里听到的，只能给诸位一些启发，一些帮助，重要的还在自己学习。而且这里所讲的也不一定全盘接受，要自己认真想过，认为讲得有道理的，才接受。

我们要善于向群众学习语言，我们要善于对语言进行加工，把我们的语言锻炼得要说什么就能恰如其分地把什么说清楚，也就是能把自己要传达的思想感情准确地传达给读者，这也就是我们学习语言的目的。

读别人的文章，说自己的话

赵树理

我小时候没上过初级小学，那时我们山区的文化还很落后，我进的是私塾，听老师讲四书五经，也就是坐"冷板凳"。后来上过两年半初中，学语文也没有新式课本，老师选的讲义，是从《古文辞类纂》上选下来的古文。讲的方法是老师先讲，讲懂了就念，念着念着就作起文章来了。这种办法想起来倒也有效，可是就说不出个道理来。后来就自己读书，所以我学语文主要是靠自学的。

写文章好比走路，也就是说，把我们要说的话用笔写下来，要像走路一样的顺当才好。刚才吕叔湘先生讲的"嚼字"，我有时也干过。我是不会作诗的，可是有时也写一些韵文，类似诗的东西，这类东西文短字少，几句话就要见高低，这就需要嚼字，不断地改，有时睡了觉想起还有不妥当的地方，爬起来又改。这样改了又改，往往改得一塌糊涂，面目全非。连我的孩子都问我:"爸爸,你怎么老改!"我深深地体会到要使文章能够准确地达意,就得嚼字,就得认真改。

写起文章来要像走路一样的顺当,我认为这和我小时候坐在板凳上哇啦哇啦地念书有关系。譬如:小时候老师教我们读《庄子》,我们就学到庄子的句法;读韩愈的文章,又学到了韩愈的笔法。各种风格的文章都学,久而久之,我们学会了读别人的文章,说自己的话。读别人的文章固然和自己的说话有关系,可是书读多了就不会单模仿一个人的话了。所以多读是学语文的好办法。函授学校的讲义,我虽没看过,可是我认为不仅要多读,而且要认真钻研和做好作业。譬如吹笛子,笛子有几个洞,哪个洞发什么音,只要个把钟头就能记住,可是你要能吹出个调子来,而且要吹得好听,那可不是一天半天的功夫。所以有许多道理不讲是不行的,可是只懂道理,不能举一反三,不进行锻炼,也是不行的。因此多读固然需要,多写也需要,离开了这两项,语文是学不好的。

有人说,写文章比说话容易,这虽是句玩笑话,可也有它的道理。譬如说,文章写了上一句,下一句想不好,明天可以接着再写;说话可不行,我不能因为一个字没想好就站在这里五分钟不讲话。还有,在说话时多说了"这个",当你声明"这个"不算数的时候,不但没有把"这个"去掉,反而又添了几个字,而写文章的时候,就可以轻轻地圈了它。因此我们写文章应该要比说话说得更好,不要说一些空泛不着边际的话,更不要走"下笔千言,离题万里"的路。如说大鼓或快板时,有一些江湖话在一段里说几句就可以了,可是有的却噜噜苏苏说了半个钟头,使群众听了摸不着头脑。如走这种路,也就糟了。

语法,我曾经自学过一些,钻得不深。语法是研究语言合不合规律的,可以检查出语言中有没有错误,这对我们运用语言很有帮助,应该学习。

写文章要看对象,要明确是写给谁看的,因此在写的时候要考虑读者懂不懂、感不感兴趣的问题。这跟大家做作业不同,老师看作业是任务,不想看也得看;写的东西可不一样,读者不爱看的话,可不能怪人家,更没法去要求或批评别人。因此,我们在写作的时候,要注意口语化,要使用劳动人民所喜爱的语言,我们不仅要从书本上学习语言,还要去向群众学习语言。我个人在写作时就感到,从口头上学来的语言,要比书本上学来的多一些。

举例来说,歌剧《白毛女》中的唱词:"昨晚爹爹转回家,心中有事不说话。"这既不是古体诗,又不是今体诗,而是一种唱词,是为农民大众所喜爱的。假如把这两句话改为古风的体例:"昨宵父归来,戚然无一语。"农民对这便会感到兴趣不大。如果改为洋腔:"啊,昨晚,多么令人愉快的除夕,可是我那与愉快从来没有缘分,被苦难的命运播弄得终岁得不到慰藉的父亲,竟挨到人们快要起床的时候,才无精打采地拖着沉重的脚步踱回家来。从他那死一般的眼神里，可以看出他有像长江黄河那样多的心事想向人倾诉，可是他竟是那么的沉默，以至使人在几步之外，就可以听到他的脉搏在急剧地跳动着。……"这一段话虽然没有超出"昨晚爹爹转回家，心中有事不说话"的范围，写得细致，感情也丰富，可是乡村里的老头老太太就听不懂，就不感兴趣。这并不是说这文章不好，而是说它不合对象。

我们学语文，不论是古人的文章、外国人的文章，都需要读，只有多读才能眼界开阔，知识丰富。可是我们写起东西来却要看对象，应该以广大的工农群众为对象。那么知识分子的语言是否要变一变呢？我看要看写什么文章。如写小说、剧本等文艺作品，我认为一定要变。譬如，《白毛女》这个剧本在中国，甚至在世界上都算是较高水平的作品。从语言上说，也不算是低的水平了。但它的语言是在普及的基础上提高起来的；脱离了在普及的基础上的提高，群众是不能懂的。这种从普及的基础上提高的语言，在知识分子看来算高的还是算低的？我虽然不能代表知识分子，但是从那些看惯了戏曲、戏剧，甚至外国歌剧的知识分子的反映来看，都还觉得好，公认它是名著，并没有人提出应该把它用《西厢记》或者世界名剧的那些语言来写，才算是上乘的。

总之，我们要善于向群众学习语言，我们要善于对语言进行加工，把我们的语言锻炼得要说什么就能恰如其分地把什么说清楚,也就是能把自己要传达的思想感情准确地传达给读者,这也就是我们学习语言的目的。此外,书本上的语言,有好多是别人从群众中取材和加工的结果,也是我们学习语言的重要参考资料。

(本文选入时有删减)

语文不行，实在痛苦，不要说不会了，会了一点也还不行。有人说我写文章写得快，我可不承认。我写一篇五百字的文章要写三天，我不是写得快，是写得勤。天天写，老写。

从记事练起,天天练,认真练

老舍

语文不行,实在痛苦,不要说不会了,会了一点也还不行。有人说我写文章写得快,我可不承认。我写一篇五百字的文章要写三天,我不是写得快,是写得勤。天天写,老写。

语文这个工具我拿了几十年了,这玩意儿可不是好耍的。这个词跟那个词凑到一块,别人凑得对,你就凑得不对。要老写才行。最好的窍门就是"每天必写","天天拿笔",哪怕是写几十个字也好。有人说工作多,事情多,我可也不比别人的少。就拿今天这个星期天来说吧,从早上出来,在外面转到现在还没有回家,可是,我今天就已经写了几十个字了。不要以为学了语文,一写就写出一篇博士论文,或是写出一部比《红楼梦》稍好一些的小说,不要这样想。一般说来,写诗,写剧本,写小说,多少都有一些记录的性质,要打好基础,第一步就要学会"记",每天记一件事。比如,昨天下了场小雪,你就把它记下来。诗当然不好写，把下雪记下来也不那么容易，不信，你试试看。现在不写，将来写小说时再想："那天是怎么下雪来的？"那就麻烦了。写人就更难。《红楼梦》写了那么多姑娘，个个都那么好看，你来试试。你看到一个姑娘，把她写下来，寄给那个姑娘自己看看，她要不揍你才怪呢。"记"还记不下，就"创作"，那只能"闯祸"。

我希望你们从今天起，用一个小本子每天记一件事，不要想"一鸣惊人"。比如说写信，你写一封信，就要让你的朋友看得清楚、明白，看了满意。有些年轻的朋友给我写信，说他愿意做"作家"，可是连名字也写得别人认不出。有的人在信封背面写上"务请回信"，可是没有个地址。我们写东西，要严肃、认真，不能让印刷厂工人去猜这是中文，还是德文。不能让人家骂我们："这家伙写的是些什么？"叶圣陶、茅盾、巴金这些老作家，他们写东西都是一丝不苟的。

大家今天参加了开学典礼，回去就写一点。有了记事的能力，就能逐步提高。写的时候想一想，哪些值得写，哪些不值得写，要选择。要多写值得写的，少写或不写不值得写的，弄清楚这个，慢慢地就写得简练了。所谓"精练"，就是写下了值得写的东西，写下了重要的东西。写人要写出他的精神，写工农，要写出他的英雄气概。懂得选择就懂得写了。

第一步学会"记"，第二步学会"选"。无论什么文章都不是什么都写，写一封信也是这样。我常常接到这样的信，前面一大段不知是说些什么。现在大家都忙，最好不要浪费别人的时间。天天写，天天练，养成习惯，就能从需要一百个字才能说清楚的渐渐减少到只用五十个字，就能从不简练渐渐达到简练，这就是进步，而且是很大的进步。

读一篇文章，读完了要仔细想想。会写文章的人他用一个字就能顶几个字，他会找一个顶合适的字来用。读文章的时候，光念一念，不仔细想一想，是体会不到它的妙处的。中国文字非常简练，念的时候要想。想一想这句话换个别的说法行不行？这个字换个别的字行不行？如果不行，是为什么？学语文就要这样的学。

我写几百字的文章要写三天，时间多花在想的上面。语言和思想分不开，想得深，才能说得严密，粗枝大叶是不行的，要细思细想。前面说过，学语文要打好基础。记事就是为写作打基础，能记，而且记得简练，就能够写一篇小说，写一个剧本了，就可能由业余写作而成为作家。当然，大家并不一定都要当作家，不过，做个作家也不算是什么丢人的事。一个人表达不了自己所想表达的东西那是一件最痛苦的事，有了表达能力，就能把自己所见到的所想到的传达给别人了。

（本文选入时有删减）

读文言最难的一步工作,是需要查字典,找考证,死记忆,有一种人图省事,对这步工作疏忽,囫囵吞枣地读下去,还自号"不求甚解",这种态度,太错误了。

怎样学习国文

朱自清

国文这科，在学校里是一种重要的功课，与英算居同等的地位。可是现在呢？国文只是名义上的重要了，其主要的原因，就是一般学生存着错误的观念，以为我们是中国人，学中国文，当然是容易的，于是多半对这门功课不很用功。无论白话文也罢，文言文也罢，在学习的时候，往往词不达意的地方很多，这就是没有对国文这科下过一番功夫的缘故。

最近的舆论，以为中学生的国文程度很低落，这种低落，指的是哪方面？所谓低落，若是在文言文这方面，确实是比较低落，尤其是近十余年来，中学生学做文言，许多地方真是不通。读文言的能力也不够。但从做白话文这方面来说，一般的标准是大大地进步了，对于写景、抒情的能力，尤其非常可观。可是除此而外，对白话写议论文及应用文的能力，却非常落后。

中学生"读"的功夫是太差了,现在把"读"的意义简单地说一说。"读"这方面,它是包含着了解的程度,及欣赏的程度。就像看一张图画,你觉得它确实太好了,但问你好到什么境地,那么得由你自己去体会,从体会的能力,就见出欣赏的深浅。

古人作一篇文章,他是有了浓厚的感情,发自他的胸腑,才用文字表现出来的。在文字里隐藏着他的灵魂,使旁人读了能够与作者共感共鸣。我们现在读文言,是因为时间远隔,古今语法不同,词汇差别很大,你能否从文字中体会古人的感情呢?这需要训练,需要用心,慢慢地去揣摩古人的心怀,然后才发现其中的奥蕴,这就是一般人觉得文言文比白话文实在是难的地方。

再进一步,可以说,白话与文言固然不同,白话与口语,又何尝一致呢?在五四运动的时候,有人提出口号:"文语一致。"这只是理想而已。"文"是许多字句组织起来的,"语"则不然,说话的时候,有声调、快慢、动作等因素来帮助它,可以随便地说,只要使对方的人能够了解。总之,"语"确实是比"文"容易。

文言文,大学生与中学生都不大喜欢读的,大半因为文言文中的词汇不容易了解,譬如文言文中的"吾谁欺"在白话文中是"我欺负哪一个"的意思。如果你不了解古代文法,也许会想到别的意义上去。然而只要多读它几遍,多体会一下,了解的程度就不同；所以"读"的功夫，我是以为非常重要的。

我们之所以对于典籍冷淡，另一方面，是因为它里面的事实与我们现在不同。电影、汽车、飞机等类，在古代书籍中就见不到。反之，古代许多事物在我们现在也无从看到，譬如官制、礼节、服装，等等，必须考据才能知道，这都阻碍我们阅读的兴趣，然而，只要用心，是没有什么困难不可以克服的。

生在民国的人们，学做文章，便不需要像作古文那样费很大的力量，只要你多读近代的作品，欣赏过近代的文学作品，博览过近代的翻译书籍、文学名著，那么，你写的文章，也可以很通顺，这是不用举例证明的。文言文中的应用文，再过二十年，必定也要达到被废弃的境地，因为白话文的势力，渐渐地侵入往来的公文和交际的信函中了。

由于文言文在日常应用上渐渐地失去效用，我们对于过去用文言文写的典籍，便漠不关心，这是错误的思想。因为我们过去的典籍，我们阅读它，研究它，可以得到古代的学术思想，了解古代的生活状况，这便是中国人对于中国历史认识的任务，你多读文言，多研究历史、典籍、古文，这阅读工作的本身就是值得尊重的！

读文言最难的一步工作，是需要查字典，找考证，死记忆，有一种人图省事，对这步工作疏忽，囫囵吞枣地读下去，还自号"不求甚解"，这种态度，太错误了。假若我们模仿陶渊明的"好读书，不求甚解"的态度，那是有害无益的。他的不求甚解，是因为学问已经很渊博了，隐居时才自称"不求甚解"的，这句话含着他的人生观，青年人是万万不能从表面去仿效的。如果你以为他的不求甚解，就是马虎过去的意思，那么你非但没有了解"不求甚解"这句话的意义，对于你所读的书，就更无从了解。

碰见文言中不懂的词汇，除了请教国文老师而外，必须自己去查字典，以求"甚解"。如文言中的"驰骋文场"这成语，有一个人译到外国去是"人在书堆里跑马"的意思，这岂不是笑话吗？又如"巨擘"，原意是指拇指叫作巨擘，而它普通的意义是用来表扬"第一等"或"刮刮叫"等意义的赞语，这些地方就得留神，才不会出错。再举一例：

> 白日依山尽，黄河入海流。欲穷千里目，更上一层楼。

它在词句上直接表示的意境已非常优美，但这首诗更说出另一种道理，它暗示人生，必须往高处走。所以我们读这首诗的时候，最要紧的是要懂得"言外之意"。又如下例：

> 铜炉在向往深山的矿苗，瓷壶在向往江边的陶泥……

这两句新诗，它的含意似乎更深了，有些人不解，但如果读了全文，便知道是非常容易明白的话。由此可见，诗里含着高尚的感情，要你多欣赏，多诵读，必能了解得更深刻。

此外关于了解文章的组织，也是必需的，须得把每篇文章做大纲，研究它怎样发展出来，中心在哪里，还要注意它表面的秩序，这种功夫，须得从现在就养成习惯，训练这种精神。

最后，我要告诉大家的，是关于写作方面，那你必须了解"创作"与"写作"的性质是不同的。自五四运动以后，许多人都希望成为一个作家，可是在今天，我们所能看见成功了的、出名的，却是寥寥无几。推究失败的原因，是到处滥用文学的感情和用语，时时借文字发泄感情，文学的成分太多了，不能恰到好处，反而失去文学真正的意义。

来纠正我们这些坏习惯，必须从报章文体学习。而我们更要学写议论文，从小的范围着手，拣与实际生活有密切关系的问题练习写，像关于学校中的伙食问题，你抓住要点，清清楚楚地写出来，即有条理的文章。新闻事业在今世突飞猛进，发展的速度，可以超乎其他文体之上，因为它是简捷而扼要的。这种文体，我希望大家能努力去学。与其想成为一个文学家，不如学做一个切切实实的新闻记者。

Part 2

有趣的汉字

汉字是中国文化之根；
汉字是国家统一之本；
汉字是国人立命之神。
　　——萧启宏

象形字本于图画。初民常以画记名，以画记事，这便是象形的源头。但文字本于语言，语言发于声音，以某声命物，某声便是那物的名字。这是"名"；"名"该只指声音而言。画出那物形的大概，是象形字。

说文解字

朱自清

中国文字相传是黄帝的史官叫仓颉造的。这仓颉据说有四只眼睛，他看见了地上的兽蹄儿、鸟爪儿印着的痕迹，灵感涌上心头，便造起文字来。文字的作用太伟大了，太奇妙了，造字真是一件神圣的工作。但是文字可以增进人的能力，也可以增进人的巧诈。仓颉泄露了天机，却将人教坏了。所以他造字的时候，"天雨粟，鬼夜哭"。人有了文字，会变机灵了，会争着去做那容易赚钱的商人，辛辛苦苦去种地的便少了。天怕人不够吃的，所以降下米来让他们存着救急。鬼也怕这些机灵人用文字来制他们，所以夜里嚎哭；文字原是有巫术的作用的。但仓颉造字的传说，战国末期才有，那时人并不都相信，如《易·系辞》里就只说文字是"后世圣人"造出来的。这"后世圣人"不止一人，是许多人。我们知道，文字不断地在演变着；说是一人独创，是不可能的。《系辞》的话自然合理得多。

"仓颉造字说"也不是凭空起来的。秦以前是文字发生与演化的时代，字体因世、因国而不同，官书虽是系统相承，民间书却极为庞杂。到了战国末期，政治方面、学术方面，都感到统一的需要了，鼓吹的也有人了；文字统一的需要，自然也在一般意识之中。这时候抬出一个造字的圣人，实在是统一文字的预备功夫，好叫人知道"一个"圣人造的字当然是该一致的。《荀子·解蔽篇》说："好书者众矣，而仓颉独传者，一也。""一"是"专一"的意思，这儿只说仓颉是个整理文字的专家，并不曾说他是造字的人，可见得那时"仓颉造字说"还没有凝成定型。但是，仓颉究竟是什么人呢？照近人的解释，"仓颉"的字音近于"商契"，造字的也许指的是商契。商契是商民族的祖宗。"契"有"刀刻"的义；古代用刀笔刻字，文字有"书契"的名称。可能因为这点联系，商契便传为造字的圣人。事实上商契也许和造字全然无涉，但这个传说却暗示着文字起于夏、商之间。这个暗示也许是值得相信的。至于仓颉是黄帝的史官，始见于《说文序》。"仓颉造字说"大概凝定于汉初，那时还没有定出他是哪一代的人；《说文序》所称，显然是后来加添的枝叶了。

识字是教育的初步。《周礼·保氏》说贵族子弟八岁入小学，先生教给他们识字。秦以前字体非常庞杂，贵族子弟所学的，大约只是官书罢了。秦始皇统一了天下，他也统一了文字；小篆成了国书，别体渐归淘汰，识字便简易多了。这时候贵族阶级已经没有了，所以渐渐注重一般的识字教育。到了汉代，考试史、尚书史（书记秘书）等官儿，都只凭识字的程度；识字教育更注重了。识字需要字书。相传最古的字书是《史籀篇》，是周宣王的太史籀（zhòu）作的。这部书已经佚去，但许慎《说文解字》里收了好些"籀文"，又称为"大篆"，字体和小篆差不多，和始皇以前三百年的碑碣器物上的秦篆简直一样。所以现在相信这只是始皇以前秦国的字书。"史籀"是"书记必读"的意思，只是书名，不是人名。

始皇为了统一文字，叫李斯作了《仓颉篇》七章，赵高作了《爰历篇》六章，胡毋敬作了《博学篇》七章。所选的字，大部分还是《史籀篇》里的，但字体以当时通用的小篆为准，便与"籀文"略有不同。这些是当时官定的标准字书。有了标准字书，文字统一就容易进行了。汉初，教书先生将这三篇合为一书，单称为《仓颉篇》。秦代那三种字书都不传了，汉代这个《仓颉篇》，现在残存着一部分。西汉时期还有些人作了些字书，所选的字大致和这个《仓颉篇》差不多。就中只有史游的《急就篇》还存留着。《仓颉》残篇四字一句，两句一韵。《急就篇》不分章而分部，前半三字一句，后半七字一句，两句一韵；所收的都是名姓、器物、官名等日常用字，没有说解。这些书和后世"日用杂字"相似，按事类收字——所谓分章或分部，都据事类而言。这些一面供教授学童用，一面供民众检阅用，所收约三千三百字，是通俗的字书。

东汉和帝时，有个许慎，作了一部《说文解字》。这是一部划时代的字书。经典和别的字书里的字，他都搜罗在他的书里，所以有九千字。而且小篆之外，兼收籀文"古文"；"古文"是鲁恭王所得孔子宅"壁中书"及张仓所献《春秋左氏传》的字体，大概是晚周民间的别体字。许氏又分析偏旁，定出部首，将九千字分属五百四十部首。书中每字都有说解，用晚周人作的《尔雅》、扬雄的《方言》，以及经典的注文的体例。这部书意在帮助人通读古书，并非只供通俗之用，和秦代及西汉的字书是大不相同的。它保存了小篆和一些晚周文字，让后人可以溯源沿流；现在我们要认识商、周文字，探寻汉以来字体演变的轨迹，都得凭这部书。而且不但研究字形得靠它，研究字音、字义也得靠它。研究文字的形、音、义的，以前叫"小学"，现在叫文字学。从前学问限于经典，所以说研究学问必须从小学入手；现在学问的范围是广了，但要研究古典、古史、古文化，也还得从文字学入手。《说文解字》是文字学的古典，又是一切古典的工具或门径。

《说文序》提起出土的古器物，说是书里也搜罗了古器物铭的文字，便是"古文"的一部分，但是汉代出土的古器物很少；而拓墨的法子到南北朝才有，当时也不会有拓本，那些铭文，许慎能见到的怕是更少。所以他的书里还只有秦篆和一些晚周民间书，再古的可以说是没有。到了宋代，古器物出土的多了，拓本也流行了，那时有了好些金石、图录考释的书。"金"是铜器，铜器的铭文称为金文。铜器里钟鼎最是重器，所以也称为钟鼎文。这些铭文都是记事的。而宋以来发现的铜器大都是周代所作，所以金文多是两周的文字。清代古器物出土的更多，而光绪二十五年（公元一八九九）河南安阳发现了商代的甲骨，尤其是划时代的。甲是龟的腹甲，骨是牛胛骨。商人钻灼甲骨，以卜吉凶，卜完了就在上面刻字记录。这称为甲骨文，又称为卜辞，是盘庚（约公元前一三〇〇）以后的商代文字。这大概是最古的文字了。甲骨文，金文，以及《说文》里所谓"古文"，还有籀文，现在通通算作古文字，这些大部分是文字统一以前的官书。甲骨文是"契"的，金文是"铸"的。铸是先在模子上刻字，再倒铜。古代书写文字的方法，除"契"和"铸"外，还有"书"和"印"，因用的材料而异。"书"用笔，竹、木简以及帛和纸上用"书"。"印"是在模子上刻字，印在陶器或封泥上。古代用竹、木简最多，战国才有帛，纸是汉代才有的。笔出现于商代，却只用竹木削成。竹木简、帛、纸，都容易坏，汉以前的，已经荡然无存了。

造字和用字有六个条例，称为"六书"。"六书"这个总名初见于《周礼》，但六书的各个的名字到汉人的书里才见。一是"象形"，像物形的大概，如"日""月"等字。二是"指事"，用抽象的符号，指示那无形的事类，如"二"（上）"二"

（下）两个字，短画和长画都是抽象的符号，各代表着一个物类。"⼆"指示甲物在乙物之上，"⼆"指示甲物在乙物之下。这"上"和"下"两种关系便是无形的事类。又如"刃"字，在"刀"形上加一点，指示刃之所在，也是的。三是"会意"，会合两个或两个以上的字为一个字，这一个字的意义是那几个字的意义积成的，如"止""戈"为"武"，"人""言"为"信"等。四是"形声"，也是两个字合成一个字，但一个字是形，一个字是声；形是意符，声是音标。如"江""河"两字，"氵"（水）是形，"工""可"是声。但声也有兼义的。如"浅""钱""贱"三字，"水""金""贝"是形，同以"戋"为声；但水小为"浅"，金小为"钱"，贝小为"贱"，三字共有的这个"小"的意义，正是从"戋"字来的。象形、指事、会意、形声，都是造字的条例；形声最便，用处最大，所以我们的形声字最多。五是"转注"，就是互训。两个字或两个以上的字，意义全部相同或一部相同，可以互相解释的，便是转注字，也可以叫作同义字。如"考""老"等字，又如"初""哉""首""基"等字；前者同形同部，后者不同形不同部，却都可以"转注"。同义字的孳生，大概是各地方言不同和古今语言演变的缘故。六是"假借"，语言里有许多有音无形的字，借了别的同音的字，当作那个意义用。如代名词，"予""汝""彼"等，形况字"犹豫""孟浪""关关""突如"等，虚助字"于""以""与""而""则""然""也""乎""哉"

等，都是假借字。又如"令"，本义是"发号"，借为县令的"令"；"长"本义是"久远"，借为县长的"长"。"县令""县长"是"令""长"的引申义。假借本因有音无字，但以后本来有字的也借用别的字。所以我们现在所用的字，本义的少，引申义的多，一字数义，便是这样来的。这可见假借的用处也很广大。但一字借成数义，颇不容易分别。晋以来通行了四声，这才将同一字分读几个音，让意义分得开些。如"久远"的"长"平声，"县长"的"长"读上声之类。这样，一个字便变成几个字了。转注、假借都是用字的条例。

象形字本于图画。初民常以画记名，以画记事，这便是象形的源头。但文字本于语言，语言发于声音，以某声命物，某声便是那物的名字。这是"名"；"名"该只指声音而言。画出那物形的大概，是象形字。"文字"与"字"都是通称；分析地说，象形的字该叫作"文"，"文"是"错画"的意思。"文"本于"名"，如先有"日"名，才会有"日"这个"文"；"名"就是"文"的声音。但物类无穷，不能一一造"文"，便只得用假借字。假借字以声为主，也可以叫作"名"。一字借为数字，后世用四声分别，古代却用偏旁分别，这便是形声字。如"⊠"本象箕形，是"文"，它的"名"是"丩"。而日期的"期"，旗帜的"旗"，麒麟的"麒"等，在语言中与"⊠"同声，却无专字，便都借用"⊠"字。后来才加"月"为"期"，加"方"为"旗"，加"鹿"为"麒"，一个字变成了几个字。严格来说，形声字才该叫作"字"，"字"是"孳乳而渐多"的意思。象形有抽象作用，如一画可以代表任何一物，"⊥"（上）、"丅"（下）、"一""二""三"其实都可以说是象形。象形又有指示作用，如"刀"字上加一点，表明刃在那里。这样，旧时所谓指事字其实都可以归入象形字。象形还有会合作用，会合两个或两个以上的分子，表示一个意义；那么，旧时所谓会意字其实也可以归入象形字。但会合成功的不是"文"，也该是"字"。象形字、假借字、形声字，是文字发展的逻辑的程序，但甲骨文里三种字都已经有了。这里所说的程序，是近人新说，和"六书说"颇有出入。六书说原有些不完备、不清楚的地方，新说加以补充修正，似乎更可信些。

秦以后只是书体演变的时代。演变的主因是应用，演变的方向是简易。始皇用小篆统一了文字，不久便又有了"隶书"。当时公事忙，文书多，书记虽遵用小篆，有些下行文书，却不免写得草率些。日子长了，这样写的人多了，便自然而然成了一体，称为"隶书"，因为是给徒隶等下级办公人看的。这种字体究竟和小篆差不多。到了汉末，才渐渐变了，椭圆的变为扁方的，"敛笔"变为"挑笔"。这是所谓汉隶，是隶书的标准。晋、唐之间，又称为"八分书"。汉初还有草书，从隶书变化而来，更为简便。这从清末以来在新疆和敦煌发现的汉、晋间的木简里能看出。这种草书，各字分开，还带着挑笔，称为"章草"。魏晋之际，又嫌挑笔费事，改为敛笔，字字连书，以一行或一节为单位。这称为"今草"。隶书方整，去了挑笔，又变为"正书"。这起于魏代。晋、唐之间，却称为"隶书"，而称汉隶为"八分书"。晋代也称为"楷书"。宋代又改称为"真书"。正书本也是扁方的，到陈、隋的时候，渐渐变方了。到了唐代，又渐渐变长了。这是为了好看。正书简化，便成"行书"，起于晋代。大概正书不免于拘，草书不免于放，行书介乎两者之间，最为适用。但现在还通用着正书，而辅以行、草。一方面却提倡民间的"简笔字"，将正书、行书再行简化；这也还是求应用便利的缘故。

（本文选入时标题有改动）

李智曾估计说"最常用的四千字,得占普通读物的百分之九十九点八"。可见一个人如果识四千个中国字就够用了。

你识多少字

姜建邦

中国的儿童到学校里去，不是求学，也不是读书，乃是识字。大人看到初入学的小孩子总是问他："你识了几个字？"小学生从第一天到学校里，就是识字。从小学升入中学，还是翻字典，问先生，努力识字。即使在大学里，还免不了有识字的工作。到底我们这样努力识字，已经识了多少字呢？中国究竟有多少字？识多少才够用？这都是有趣味的问题。

中国字都是单独的，所以数目很多。多得一个人读了半生的书，还有许多不识的字。有的国文教员叫学生背字典，结果也不能把中国字通通认识。

中国字虽然很多，但大部分已经是无用的死字(dead words)了，除了专门研究文字学的人，在这些字里钻研以外，我们用不着完全认识它——而且实际上完全认识也是不可能的事。

中国字中，虽然有一部分是死字，已经没有多少用处，但是还有一部分是我们常遇到的，是很有用的，普通称为"常用字汇"。这些字我们应当首先认识，并且要识得十分正确。这是于阅读写作都有很大的利益的。

我们先来谈谈中国字到底有多少个吧！

中国的字数，历代不同，因为每个时代都有新的字产生。并且现在所有的字典，因为用的人不同，所以编印的字也不同。马瀛编的《平民字典》里，只有四千四百三十一个字；王云五的《小字典》里有一万五千四百三十一个字；《康熙字典》里有四万二千一百七十四个字；《中华大字典》里有四万四千九百零八个字。从新文化运动以来，欧美学术输入，中国的新字增加了许多。有人估计新旧字总共算来，总在四万六千个单字以上。这个数目恰好是我们全国人口的万分之一。

何以说，中国字是随着时代增加的？这情形可以从下面历代的字典中看出来。

汉《说文解字》（许慎著）	九三五三字
魏《声韵》（李登著）	一一五二〇字
魏《广雅》（张揖著）	一八一五〇字
梁《玉篇》（顾野王著）	二二七二六字
唐《唐韵》（孙愐著）	二六一九四字

宋《类篇》（王洙、胡宿等著）　　三一九一三字

明《字汇》（梅膺祚著）　　　　　三三一七九字

清《康熙字典》（张玉书等著）　　四二一七四字

民国《中华大字典》（欧阳溥存等著）四四九〇八字

　　从这里我们知道中国字在魏朝和清朝增加得最多。这大概是因为魏、清两代和外族接触特多，吸收了许多外族语吧！

　　中国字这样多，要都认识实在不是一件容易的事。我曾经这样计算一下，如果一个人每天识五个字，不分晴雨，不论假日，不管生病与否，一年三百六十五天，天天如此：要费二十五年以上时间，每日识十个字，也要费十二年半以上的光阴。

　　为了免除这困难，所以有一些无用的字，我们就不必学了。单把有用的字学会也就够了。但是，哪些字是最有用的呢？我们要识多少字才够用呢？这是我们要谈的第二个问题。

　　为了解决这个问题，许多人花费时间来研究。民国九年陈鹤琴曾经把许多儿童读物、新闻纸、杂志、小学生课外作品、新旧小说、《圣经》等书里面的字，分析研究，得到语体文应用字汇四千二百六十一个。敖弘德也把孙中山的《留声演讲》《中国革命史略》《谚语选》《新生活》及时报里的字分析研究，得常用字四千三百三十九个。李智曾估计说"最常用的四千字，得占普通读物的百分之九十九点八"。可见一个人如果识

四千个中国字就够用了。四千字不过占中国字总数的十分之一。可见中国的"死字"是怎么的多。

你知道你识多少字吗？这是我们要谈的第三个问题。

也许你以为可以识很多的中国字，绝对不止四千这个数目。我恐怕你估计得太多。不信的话，现在可以试验试验。

在下面有一百个字。这是用机会法从一本字典里抽出来的（原测验为中国心理学家张耀翔所编）。一百字中的每一个字，代表一百三十五个字。因为字典里总共一万三千五百字。你先把一百个字，一个一个地认识一下，只要知道那个字的读音和意思，就是识了那个字。看看一百个字里，你总共识几个，然后乘一百三十五倍，就是你现在识字的数量。比方，一百个字里，你识（如果只知道读音，不知道意思，或是只知道意思，不知道读音，就算半个字）三十二个，那么，32×135=4320，你就共识四千三百二十个中国字。足够阅读普通的书报了。下面就是测验用的一百个字：

花、和、叩、切、全、居、奔、科、直、台、腓、职、谨、异、璧、纲、纣、猖、密、岛、邦、朵、侨、俱、俞、助、协、噜、汁、陏、喋、枯、狂、疆、桔、瘦、羹、蚕、药、荫、轴、辩、鲤、策、窝、放、消、漕、时、朏、烝、滥、旗、遥、觊、郯、蘸、锓、坡、增、挂、扦、憍、悠、揞、桀、樗、栊、殳、撬、洌、磬、荐、赚、绌、裖、闭、

灵、缰、簸、蛊、蜇、瘭、渚、猿、焰、膘、葰、赵、鸠、眺、訕、獾、铬、鼉、馯、髌、鹛、鰡、簎

　　根据许多人的统计结果，初中一的学生，应当识四二六二个；初中二的学生，应当识四八八七个；初中三的学生应当识五一一四个；高中一的学生应当识五四七三个；高中二的学生应当识五六三二个；高中三的学生应当识五八六二个。你识多少个？诚实地测试一下吧！如果在标准以下，你应当努力识字，否则你的国文程度就有落后的危险！

中国字所以美观，还有一个原因，就是中国字是象形字，字形上能够表达字意。拼音的文字是以形表声，中国字是以形表意，有"一字传神"的功能。

汉字的趣味

姜建邦

有一个外国人说:"中国字是世界上最有趣味的文字。"

的确,中国字是很有趣的。它除了实用的效能以外,还可以用它做艺术品,做游戏的工具,甚至做迷信的材料。

我们先来谈谈中国字的艺术性。

在我们的客堂里、书室中、商店家、办公处,往往喜欢挂着名人的字,作为点缀。即使乡下人,在过新年的时候,也喜欢在门上贴几副红对子。为什么要这样呢?因为中国字是一种艺术品,像图画一样。你看每一个字都像一座建筑物,有它自己的构造和姿态。每一个字像一朵小小的鲜花,耐人寻味,可供欣赏。尤其是加上劲拔的笔锋,乌黑的松墨和朱红的印鉴,造成我们特有的东方艺术。

中国字所以这样美观,其中有一个主要的原因,就是中国字大都是对称的。对称的东西常是美丽可爱的。中国人尤其喜欢对称的东西，你看家庭的布置，椅子分列两旁，花瓶总是一对，门是两扇，楹柱左右各一，石狮东西对列，厢房分为东西，大厅的门也分上下。社会上有许多美丽的符号，都是对称的，红十字会的十字，红卍字会的卍字，基督教的十字架，青年会的三角，都是不偏不倚的图案。如果你留心，社会的许多地方都含着对称的成分。再说，我们人体的外形，不是一个对称的典型吗？手、足、耳、目都是左右各一，无怪我们人类这样自负了。

中国字正合这个均称律。我曾统计过一部小字典，一千八百二十九个单字之中，像"燕、雨、朋"等十分均称的字有五百七十二个之多，占全体的百分之三十。中国文学中有许多美句，字字都是均称，像"暮春三月""万里无云""霓裳一曲"等都是。我曾经这样梦想，若是有人能完全用匀称的中国字写美文一篇，字形的美和内容的美合奏，必能成功一篇空前的佳作。

中国字所以美观，还有一个原因，就是中国字是象形字，字形上能够表达字意。拼音的文字是以形表声，中国字是以形表意，有"一字传神"的功能。例如"赫"字十足地表现出一个大将威武的神气。一个"嫣"字可以表现出一个美女回眸微笑的姿态。《文心雕龙》里有这样的几句话："灼灼状桃花之鲜，依依尽杨柳之貌，杲杲为日出之容。"都是说明这个"一字传神"的意思。

有时我们翻阅一篇记叙文，一眼看去，不要细读，就可以领会所描写的是山水，是花草。因为字里行间都呈现着水、石、花、木、园、林、芳草的样子，好像一幅绘出的图画一样。

其次我们再谈谈中国字的游戏性。

文字本来是游戏的工具之一。像欧美的"迷阵游戏（Puzzle）"不是文字的游戏吗？中国字因为是一个个各自独立的，像些方木一样，可以搭成各式各样的玩意儿。并且中国字多是由几个字拼拢起来的，所以有一种拆合性，这种拆合性，便产生了一些有趣的游戏。一个"讀"字，可以拆成"言、士、四、貝"四个字。一个十字和一个口字，可以合成古、叶、田、由、甲等字。有人用这种拆合的方法，编出下面一些有趣的句子：

门口问信，人言不久便来。
八刀分肉，内人和议不均。
奴手挈花，草化为萤飞去。

一个字既然可以拆成几个字，因此产生了一种拆合对字的游戏。例如"天"字，可以分成"一大"；"示"字可以分成"二小"。"一大"正对"二小"，所以"天"可以对"示"。这叫"拆合对字"。下面就是一些这样的对字：

蚂 呀 垢 恰 聂 恃 泉 惜 哩 咳

鲜 聒 锽 吩 品 螳 墨 吟 忖 忸

读者若是有时间，可以试试看，把下面的十个字用拆合的方法寻出一个对字：時、蔣、秒、堤、牲、梯、柏、駟、躊、知（答案在本文之后）。

中国社会上有一批人专以测字混饭吃，就是利用中国字的拆合性以应和人意。现在举个例如下：

据说在清乾隆时候，苏州有一个测字的，名叫范时行，本领很好。一天，有一兵卒拈得一"棋"字，问终生运气。范时行对他说："下围棋的时候，棋子越住越多；下象棋的时候，棋子越住越少。现在你拈的是象'棋'，不是围'碁'，从木不从石，恐怕你家里的人口一天凋零一天吧？"

那兵卒告诉他是的，并且又问："日后运道如何？"范时行对他说："我看你是行伍中人，是棋中的卒。卒在本界止行一步。如果过河，则纵横皆可行。照此看来，你当远走，方可得志。"

若是把测字认为可信，就是迷信；若是把测字看为一种游戏，倒是十分有趣。

《春渚纪闻》里记载了这样的一件事：有一个成都人，名叫谢石润夫，专以测字言人祸福。某日，有一朝士随手写一"也"字，问日后官运怎样。谢石对他说："也字加水则为池，加马则为驰，今池运则无水，陆运则无马，所以没有升官的可能。"接着谢石又对他说："你的亲人都不存在了吧？因为也字加人为他，今只见有也而不见有人。不但如此，你的家产，也都荡尽了吧？因为也字加土为地，今只有也而不见土，所以你人财两空啊！"

中国字还给了我们一种游戏，就是"灯谜"。这种游戏，不知道在中国的家庭里、朋友间，造出多少快乐。在《红楼梦》《浮生六记》等书里，都有这样的记载。下面是几个很好的字谜：

（一）半放红梅。（繁）

（二）半墙（墙）斜月十分明。〔將（将）〕

（三）半推半就。（掠）

（四）两点一直，一直两点。（慎）

（五）一夜十天。（殉）

（六）三人同日去观花，百友原来是一家，和合二仙对面坐，夕阳之下有双瓜。（春夏秋冬）

中国字是象形字，构造复杂，难学难写。这是大家所公认的。但是因它含有艺术性、拆合性，所以变化无穷。如果我们用一种轻松的眼光看它，便妙趣丛生，耐人寻味了。

拆合对字答案：腑、箱、夥、杯、狮、沉、清、伍、撞、弭。

大多数的联语是带警惕性的,好像格言一样。一副意思很好的对联,挂在房里,天天看见,可以借以磨炼自己。

联语

姜建邦

中国字是个个独立的,所以可以做对字。记得少时老先生还咕咕噜噜讲些"天对地""雨对风""大陆对长空"一类的话给学生们听。虽然现在国文课里不做这套把戏,但是楹联、挽联、喜联,仍旧很风行。这自然因为我们中国人还有这种爱好;对联的本身尚有它的乐趣,否则早就跟女人的小脚一起被淘汰了。

中国的对联应用很广,在客堂里有它,在书斋里有它,在亭榭里有它,在楼阁上有它,在古迹处有它,在别墅里有它,在庙宇里有它,在祠社里有它,在商店开幕时有它,在乡村演戏时有它,人家有喜事用它道贺,朋友死了用它挽悼……对联在我们中国人的生活里到处会遇见的。因为它是一种艺术品,是一种很有趣味的点缀,所以至今风行。

对联的开始,据说是"肇于五代之桃符,孟蜀'余庆长春'十字,其最古也"。至于应用于楹柱,是从宋朝开始。至元、明以后才大大风行,成了文人应酬的妙法。

中国的对联,有些是富有趣味,相对巧妙。这些作品大都出于"才子"之手,虽然是游戏的文字,但也可供赏玩。例如金圣叹有副妙对是:"半夜二更半,中秋八月中。"纪晓岚和友人同游西湖在雷峰塔下,遥望双峰插云,友人想出一联,和纪晓岚为难:"双峰隐隐,七层四面八方。"纪晓岚听了,略加思索,就对上下句:"孤掌摇摇,五指三长两短。"

张之洞在八国联军一役时做司令。有一个外国人作对侮辱中国说:"琴瑟琵琶,八大王单戈对战。"张之洞立刻写出下联以为报复:"魑魅魍魉,四小鬼合手擒拿。"

四川某银行开幕,请才子李调元代撰一联。送到之日,打开一看,写的是:"长长长长长长长,行行行行行行行。"银行经理莫名其妙,立刻请李来,设宴请教。李调元就解释说:"我希望你的银行有发展,所以上联是:长长,长长,长长长(原来二、四、七三个字读作生长的长,余字读长久的长);我又佩服你的才能,各行事业都能行,所以下联是:行行,行行,行行行。"经理听了,才恍然大悟,心里非常快乐。

有少数的对联,确是十分巧妙。例如大家都知道的妙联:"三星白兰地;五月黄梅天。"又如"冰(氷)凉酒,一点二点三点;丁香花,百头千头万(萬)头"等都是。

有人曾作过一副对联,上联是"独览梅花扫腊雪",字音和音乐乐字1234567相似。下联是"细睨山势舞流溪",声音和一二三四五六七相近。音既相近,字是相对,颇为有趣。

有些对联,不但对字巧妙,并且可以倒读。例如西湖花神庙对联和纳兰性德的词,可做代表:

紫紫红红处处莺莺燕燕,
暮暮朝朝年年雨雨风风。

雾窗寒对遥天暮,
花落正啼鸦,
袖罗垂影瘦,
风剪一丝红。

中国从前有个女子,织成一块回文锦,寄给她的丈夫。该文无论直读、横读、倒读、斜读,都能成文。确是世界上的一大奇观。

有些对联,写意微妙,耐人寻味。例如沈义甫曾作一联:"绿水本无忧,因风皱面;青山原不老,为雪白头。"词意俱佳,为不可多得的联句。

在名胜地方的对联,大多数是描写风景的。这种联句之中往往能一句话写尽全部景致,例如济南大明湖上的一联:

四面荷花三面柳；一城山色半城湖。

凡游过大明湖的人，都对刘金门的笔法称绝。宣武门外永庆寺的僧房，有一对联，描写山景，很是逼真："石压笋斜出；岩垂花倒生。"最有趣的是龚正谦题熙春山的对联，上联完全是写看见的，下联完全是写听见的：

放开眼界，看朝日才上，夜月正圆，山雨欲来，淡风初起；

洗净耳根，听林鸟争鸣，寺钟响达，渔歌远唱，牛笛横吹。

大多数的联语是带警惕性的，好像格言一样。一副意思很好的对联，挂在房里，天天看见，可以借以磨炼自己。不过这种联句，大都陈腐，好的不多。郑板桥有副对联说："咬定几句有用书，可忘饮食；养成数竿新生竹，直似儿孙。"倒还不俗。程梓庭有副对联说："无多事，无废事，庶几无事；不徇情，不矫情，乃能得情。"也很有道理。

中国的对联，几乎成了一种专门学问。许多文人喜欢在这上面下功夫。《万有文库》里有一部《楹联丛话》，搜集各地楹联极多，可以看看。

中国字是有建筑性的。每个字都有它自己的特性,其结构、组织,都像一座小小的建筑物,有平衡,有对称,有和谐;字与字的辨识,因此就很有标准,不容易模糊。而西洋文字,每个字都是些大同小异的字母所组成,又横列成一平线,字与字间的个性,就减少了许多。

字的建筑

姜建邦

在欧美有一种文字游戏,叫"字的建筑"(Words building)。先拟定几个字母,然后随意用这些字母(用全部字母也可,用几个也可)拼字,看谁拼得最快最多。比方 a、e、i、l、r、p 六个字母,可以拼成 air、ripe 等单词。这种游戏一面可以练习拼字,一面也能测验智力的高低。智力高的,自然想得快,做得多,因为他有组织的能力。

中国字是象形的,并没有字母,但是也可以做字的建筑游戏。方法是拟定几个简单的字或是笔画,用这些字和笔画拼成许多字。例如用"一、丿、十、口、八、小"等单位,可以建筑出几十个完全的字:

干、士、土、古、杏、早、曰、甲、由、申、香、白、右、禾、京、米、只、失、石、日、舌、东、本、果、公、尺、叶、术、囚、卡、困、含、味、台、木、因、和、走、

四、吉、少、合、舍、叭、六、吐、余、佘、呆、千、夫、尖、示、不、壬、呈、大、太、犬、朱、末、未、午、牛、告、平、半、咪、今……

中国字，每个都是完美的建筑物，虽然有的整齐，有的斜倾，但都像一座小楼房、小亭榭那样悦目。如果你有兴趣，可以用下面的六个单位做材料，看你能建筑出多少字来。

丿、一、十、口、大、木

有人曾做过许多试验，用以上几种材料，在十分钟之内，平均可以造出三十个字。你能造多少呢？

从这个游戏上，我们可以看出，中国字虽然复杂，但是它的原素——基本字形并不多。中国字总数有五万多，也不过是这些简单的基本字形拼写出来的。

我曾分析了一本字典，该字典共有单字四千二百九十二个。所得基本字形共二百七十七个。其中最有用的是"口"字，在四千二百九十二字之中，有七百五十六字有"口"的字形，其次是"日"字，占二百五十个，"木"字占二百二十四字。

我常想如果用这些基本字形，编成《民众识字》课本，可以减少许多写字上、认字上的困难。比方，你会写一个"口"字，那么就会写七百余字的一部分；会写"木"字，就会写二百余字的一部分，这样的学习，不是很有效力吗？

也许有人对民众教育有兴趣，兹将这些基本字形介绍如下：

中国字形的分析（字形）（次数）					
口 七五六	日 二五〇	木 二二四	月 一七四	言 一五一	士 一四四
又 一二三	田 一二三	女 一二四	心 九七	贝 九〇	佳 八六
金 八〇	夕 七八	十 七六	王 七〇	虫 六七	力 六五
大 六四	禾 六五	目 六三	车 六七	火 五八	古 五四
四 五二	人 五一	小 四九	巾 四九	耳 四八	立 四七
戈 四七	寸 四五	艮 四四	白 四三	止 四二	山 七〇
子 三九	页 三九	工 三八	酉 三八	示 三七	皿 三七
石 三七	白 三七	米 三六	用 三六	殳 三六	弓 三六
方 三五	矢 三五	匕 三三	牛 三三	欠 三三	豕 三三
豆 三四	马 三三	足 三三	斤 三〇	衣 三〇	干 二七
尸 二七	比 二七	曰 二九	犬 二七	羽 二七	臣 二六
鸟 二五	音 二五	见 二二	吉 二四	回 二四	戊 二五
西 二五	辛 二一	共 二五	且 二一	定 二〇	羊 二〇
勿 二五	己 二一	丁 一五	卜 一六	乃 一七	天 一九
尹 一九	合 一九	非 一九	户 一八	可 一八	里 一八
者 一八	亡 一七	采 一七	壬 一五	氏 一六	乎 一六
中 一五	册 一六	冉 一六	占 一五	圭 一五	而 一六
免 一三	亨 一六	其 一六	水 一三	文 一三	包 一三
朱 一三	台 一三	兄 一三	生 一四	舟 一三	母 一四
聿 一四	缶 一三	至 一四	辰 一三	禺 一三	柬 一三
高 一四	鱼 一三	毛 一二	曲 一二	内 一二	句 一一
甘 一一	并 一一	交 一一	亥 一一	谷 一一	吕 一二
幸 一二	果 一一	鬼 一二	娄 一二	佥 一一	勺 一〇
五 一〇	右 一〇	令 一〇	出 一〇	主 一〇	寺 一〇
青 一〇	卑 一〇	重 一〇	革 一〇	韦 一〇	曷 一〇
袁 一〇	商 一〇	黑 一〇	卢 一〇	龙 一〇	川 九
元 九	爪 九	斗 九	矛 九	身 九	京 九
黄 九	尧 九	齐 九	乙 八	也 八	乍 八
先 八	世 八	我 八	巠 八	充 八	卒 八
兼 八	敝 八	牙 七	夫 七	丑 七	半 七
央 七	巨 七	兆 七	米 七	同 七	赤 七
虎 七	孑 六	井 六	有 六	骨 六	久 六
才 六	父 五	片 五	光 五	升 四	永 四
向 四	式 四				

中国字的建筑性已如上述。而合成的词，也有建筑性。例如一个"节"字，在后面加一字可成为：

节欲、节奏、节育、节制、节哀、节俭、节省、节目、节操、节气……

又在前面加一字而成：

调节、忠节、贞节、礼节、音节、季节、关节、符节、气节、时节……

中国的词，有许多是两个意思相反的字联在一起而成的，例如：

厚薄、高低、善恶、刚柔、长幼、古今、强弱、是非、阴阳、表里、黑白……

但也可以两个意思完全相同的字联在一起，造成一个词，例如：参差、凄惨、络绎、联络、继续、低下……

这些例子，都证明中国字是有建筑性的。每个字都有它自己的特性，其结构、组织，都像一座小小的建筑物，有平衡，有对称，有和谐；字与字的辨识，因此就很有标准，不容易模糊。而西洋文字，每个字都是些大同小异的字母所组成，又横列成一平线，字与字间的个性，就减少了许多。

我记得幼年,还没有学习英文的时候,看见英文信上都是一串一串的曲线,好像都是一样的。我又记得在初入学时,学了一个"人"字,先生告诉我们说:"你看这不是一个人吗?两条腿分开来立在那里,多么容易记得啊!"我们听了,都是非常快乐,觉得中国字是有趣味的。

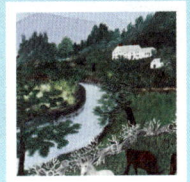

Part 3

学好语法和词汇

语文教育的价值维度,即人的生命的同一维度,
其终极意义都是指向言语表现与存在。

——潘新和

思想是在语言的材料的基础上产生和存在的;思想中一个一个的概念就是语言中一个一个的词。所以我们要在听讲、阅读时正确地了解别人的思想,要在说话、写作时正确地表达自己的思想,必须掌握丰富的词汇。

学习词汇的一例——"深"和"浅"

朱文叔

掌握丰富的词汇，是语文学习中一个重要的项目。

语言是由词汇组成的，详细地说，是由接受了语法支配的词汇组成的。思想是在语言的材料的基础上产生和存在的；思想中一个一个的概念就是语言中一个一个的词。所以我们要在听讲、阅读时正确地了解别人的思想，要在说话、写作时正确地表达自己的思想，必须掌握丰富的词汇。但是，要真正"掌握"丰富的词汇，并不是一件容易的事，必须下一番功夫。第一，在听讲、阅读的时候，碰到一个新的词，必须把它的意义咬得实，懂得透，使这个词能够真正地吸收在自己的语言里，同时也就是使这个概念能够真正地吸收在自己的思想里。第二，不但要认识个别的词，而且要认识意义相近的一组一组的词，熟悉它们的相通之处，也熟悉它们的分别所在。第三，了解词的意义以后，必须更进一步，常常在语言实践——说话、写作中使用它，而且要做到能够正确地使用它，知道它在句子里可以担任什么职务，可以跟哪些词配搭，配搭起来的次序怎么样，等等。换一句话说，就是要养成把词汇归到一定的语法关系中的能力，养成能根据思想的表现而正确地组织语言的习惯。这样，才算真正地"掌握"了丰富的词汇。

以下用"深""浅"做例子，说一说怎么样学习词汇。先解释"深""浅"这两个词的意义。

"深""浅"是两个单音词，每一个又可以和别的字或者词合成许多复音词。《诗经》里已经有这两个词。陆志韦先生编著的《北京话单音词词汇》里收这两个词，教育部社会教育司选编的《一千五百个常用词》里也选收这两个词。

"深""浅"是一对形容词。我们语言里的形容词，往往是一对一对的。举例说，"深""浅"之外，还有"高""低"、"大""小"、"长""短"、"远""近"、"厚""薄"等等。这儿写出的六对形容词，都是表示量的概念。我们说"这个缸里的水深，那个缸里的水浅"，"这个缸大，那个缸小"，"这条路线长，那条路线短"，"走这条路远，走那条路近"，都是由量的比较而来的。因为由比较而来，所以意义是相对的，不是绝对的。说到"深"，就想起对面的"浅"；说到"小"，就想起对面的"大"。概括起来，从积极方面说的"深""高""大""长""远""厚"是一群，从消极方面说的

"浅""低""小""短""近""薄"是又一群。是深是浅，可以测量，可以用数字表示。无论海洋、江河、湖泊、池塘的水，从水面到水底，往下画一条直线，这条直线长，就是垂直的距离大，我们就说这水"深"，这条直线短，就是垂直的距离小，我们就说这水"浅"。海水从水面到水底垂直的距离在二百米以上的叫"深海"，不到二百米的叫"浅海"。《说文》里说："测，深所至也。"要知道"深所至"是往下测的。如果往上测，那就叫作"高"，不叫作"深"。往下测，说"水深一丈八尺"；往上测，就换一个说法，说"水位高一丈八尺"。这是一个意思有两种说法的例子，"深"是积极方面的词，"高"也是积极方面的词，两个积极方面的词，意义是可以相通的。

此外，"深井""深谷"的"深"，也是垂直的。我们说这个井深、这个谷深，是站在井边、站在山顶，往下观测以后说的。

我们又有"根深蒂固"这个成语，"根深"是说树根往下扎入土里很深。

盛水的东西和其他容器也可以说深浅，例如"浅碗"。"量小"也说"量浅"，例如"我的量浅，不能喝了"。

我们又有"这屋子很深"的说法，这是就平面上说的了。一间屋子，从左到右的距离叫作"宽"，从前到后的距离叫作"深"。"从前到后"，其实仍旧是"从面（门面）到底"的意思。一所宅院，从门面进去，一进又一进，走过好几进才到底，我们就说它是"深宅大院"。旧时有"深宫""深闺"等语，是说这个宫、这个闺，在房屋底里，离门面很远。

我们又说"深山"，"深"是离外围很远的意思。"深谷"的"深"是垂直的，"深山"的"深"是平面的。

时日历久也说"深"，例如"深夜""深秋"。"深"是距其始初已远，入于晚暮的意思。历时未久也说"浅"，例如"我来的日子还浅"。"历史浅""资格浅"的"浅"，也含有历时未久的意思。

颜色浓也说"深"，颜色淡也说"浅"，例如"深蓝""浅黄"。

情谊厚也说"深"，情谊薄也说"浅"，例如"手足情深""缘分浅"。

"深"有藏在底里的意思。藏在底里的东西，不容易窥测，不容易看明白。所以意义隐而不显，奥而难懂，必须经过一层一层的探究剖析才能明白的，我们就说它"深"，例如"意思深我不懂"。意义显露，一看就懂的，我们就说它"浅"，例如"只能念浅书"。"艰深""精深""深奥""深妙""粗浅""浅易""浅明""浅显"这些复音词里的"深""浅"，都是这意义。

"深"这个词，有一个很常见的用法，就是加在动词前以表程度，例如"深信不疑""深表同情""深明大义""深蒙照拂"等都是。

"浅"这个词,也有一个很常见的用法,就是由不足之词转为自谦之词,例如"浅见""浅学""才浅""智浅"等都是。

上文解释"深""浅"这一对形容词的意义。根据上文的解释,进一步再用一番归纳、比较、探究的功夫,我们可以领会到一些道理。

第一,意义是从事实来的。使用词汇,必须合于事实。我们可以说"水深",也可以说"水浅";可以说"屋檐深",也可以说"屋檐浅";因为事实上有深的水也有浅的水,有深的屋檐也有浅的屋檐。可是,我们只能说"浅滩",不能说"深滩";因为事实上凡滩必浅,"滩"的本质只许用"浅"来形容。如果只看字面,以为"滩"上既然可以加个"浅",也一定可以加个"深",那就错了。同样,我们只能说"深渊",不能说"浅渊";只能说"深宫""深闺",不能说"浅宫""浅闺"。

第二,使用词汇,必须合于语言习惯。我们现在常说"深山",不说"浅山";常说"夜深",不说"夜浅"。"量小"可以说成"量浅","量大"不能说成"量深"。我们说"深秋",与此相对,我们说"初秋",不说"浅秋"。我们说"日子浅""历史浅""资格浅";与此相对,我们说"日子多""历史久""资格老",不说"日子深""历史深""资格深"。这都是语言习惯。

第三,词有具体的用法,也有抽象的用法。在文言里,形容人的面貌，有"目深而鼻高"的话。"目深"是眼眶深陷，是具体的形象。没有见过世面的人，看见什么都觉得新奇，我们说他"眼浅"或者"眼孔浅"，那就是抽象的说法了。

第四，同一个词的意义，有显而易知的，也有隐而难见的。就"深山""深思""深忧""关系深""功夫深"等语细细体味，我觉得"深"这个词含有"重叠累积"的意义。这个意义，就不是表面的，要深入体会了。

第五，我们语言里的大多数形容词，可以归纳为意义各个相对的两大群："深""高""大""长"等是积极方面的一群。"浅""低""小""短"等是消极方面的一群。积极方面的一群词，这一个和那一个往往意义相通，可以互相注释；消极方面的一群词，这一个和那一个也往往意义相通，可以互相注释。"深"是积极方面的词，上文注释里用的"长""远""高""大""厚""久""浓"等也都是积极方面的词。"浅"是消极方面的词，上文注释里用的"短""小""薄""淡"等也都是消极方面的词。知道了这一点，对于词义可以得到融会贯通的了解，所认识的不只是个别的词而是一组一组的词了。

第六，把两个同类的单音词合成一个复音词，是我们很早就有的老办法。两个单音的形容词合成一个复音的形容词的时候，一定是积极的和积极的结合，消极的和消极的结合。我们可以把"深"和"远"合成"深远"，不能把"深"和"近"

合成"深近";可以把"浅"和"薄"合成"浅薄",不能把"浅"和"厚"合成"浅厚"。

第七,我们的复音词里头,数量最多的是双音词。学习语文的时候,我们常常碰见许多一组一组的双音词,有些是第一个字相同的,有些是第二个字相同的。每一组头同尾不同或者尾同头不同的双音词的各个词,粗看起来,意义很相近;仔细体味,意义又各有分别。我们如果不知道它们的分别,往往容易用错。用错词汇,是话说不好、文章写不好、不能正确地表达意思的一个原因。现在有些人,看见字面差不多的双音词,不分辨它们的意义,就随便抓来乱用,是造成语文混乱现象的一个原因。

"深"字打头或者"深"字煞尾的双音词就不少。现在只举"深"字打头的八个双音词:"深远""深厚""深重""深长""深沉""深奥""深切""深刻",说一说它们的意义和用法。形容谋虑周至,可以用"深远";形容根基坚实,恩情优渥,可以用"深厚";形容灾难重重,罪恶累累,可以用"深重";形容意味隽永,耐人寻味,可以用"深长";形容气象幽暗,心计不浅露,态度不浮躁,可以用"深沉";形容文义学理深藏在内,不经过层层剖析不能明白,可以用"深奥";形容关系密切,情感切至,言说中肯,可以用"深切";形容印象深入头脑,见解透彻到底,描写刻画入微,援用法律条文曲折苛刻,可以用"深刻"。看上面八个词的解释,我们可以知道复音词大抵意义比单音词明确，同时使用范围比单音词小。

> 注：文中用的"积极""消极"两个词不十分妥当，改用"胜义""差义"也许比较好。——作者

不要把"约定俗成"拿来做语病的挡箭牌,该规范化的,能够规范化的,还是要尽量规范化。

语言应该是发展的,规范的标准也不是固定不变的,不可能一劳永逸。

谈语言

王力

语言是人们表达思想感情的工具,是人们进行文学创作、新闻写作和其他一切写作的工具,我们既然爱好写作,又想在这方面成才,就不能不首先掌握好这个工具,而且要像木匠爱斧锯、画家爱颜料、战士爱武器那样爱我们得以进行工作的工具。

本来,文章是记录人们口语的,是写下来的语言。人们说话干净利落,通俗易懂,语意明白,表达准确,不会有错。那么用文字来把这些话表现出来,也就不应有错。而实际情况为什么不是这样呢?

许多写文章的人,从中学生到大学教授,从新闻记者到作家,拿起笔来总想我现在是写文章,跟说话不一样,要把语言装饰得"华丽"一点,把语句表达得"文雅"一点,把文章写得"美妙"一点。于是总想造一个时髦的句子,东拐西缠多绕一些弯子。实际呢？弄巧成拙，适得其反。他们不懂得，文章脱离了口语，脱离了人民大众的语言，就不可能是准确、鲜明、生动的。

有一篇描写英雄到大海救人的报道说："他冒着刺骨的寒风，迈着冻僵的双脚跳入了沸腾的大海。"这是一个很费解又不准确的句子，作者在说话时绝不会这么说，这叫"故作姿态"。

还有篇报道，出现"他冒着七月流火在圩堤上东奔西走"这样的句子。"七月流火"出自《诗经》，指夏天星辰移动的位置，并不指天气炎热。用"七月流火"形容天气炎热就不对。我们平常说话从不这样说，可能说"冒着烈火""顶着烈日"，如果说"我冒着七月流火怎样怎样……"肯定要被人大笑一番。

著名散文家朱自清晚年的作品比他早年的作品好，他晚年的作品更受读者欢迎，我自己就爱看他晚年的作品。

这是什么原因呢？我认为重要的一点就是话怎么说，文章就怎么写。他早年的作品语句过于修饰、做作，读起来很绕口，理解就更不容易了。他晚年的作品朴素、自然、平易近人，就很受读者欢迎。这对我们后人是一种启发。

是不是说口语与书面语没有区别呢？也不是的。文章是有组织的语言，在这一点上，也可以说文章和语言不一样。我们平常说话的时候，往往不假思考，想到哪里就说到哪里，有时候语言不连贯，甚至前后矛盾，句子不合逻辑，不合语法。有的同志在小组会上发言头头是道，娓娓动听，但是人家把他的话记录下来，仔细看一下，却又会发现毛病百出，缺乏逻辑性和科学性。所以，我不反对对口语加工。并且，我一直是主张口语要经过加工才能上升为书面语的。

报刊上使用的语言更要认真推敲，反复斟酌，不要以讹传讹。报刊上的语言往往要被读者仿效，因而更应该强调准确性、规范化。否则，会在语言文字的运用上制造混乱。比如，我曾在《人民日报》上发表过意见，认为"最好水平"这个说法在口语中运用勉强说得过去，而在报刊上运用就不对了。"水平"，原意是水的平面，水的平面永远是平的，只有高低之分，没有好坏之分。因此，说"最好水平"，是违背事理的。但是，至今有些报刊还在使用"最好水平"这个词。

又比如，有的报刊批评某些人对事情采取满不在乎的态度时，习惯用"不以为然"这个词。这也是不对的。"不以为然"是"不以为如此"或"不以为对"的意思，而不是"满不在乎"的意思。从这里我们再一次看到了不能随便运用口语。

但是在将口语上升到书面语的时候，一定不能忘了它的目的是什么，出发点是什么，这就是要使读者能读懂。在对口语进行加工时，既要考虑规范化，又要考虑大众化，要能够被读者领会、理解。否则，这种上升就失去了意义！

有些话本不符合书面语的要求，不准确，也不规范，但由于说习惯了，改不过来，叫什么"约定俗成"。谁"约定"的呢？恐怕总是从少数人说错开始，一直不去纠正它，变成"俗成"的吧！所以，不要把"约定俗成"拿来做语病的挡箭牌，该规范化的，能够规范化的，还是要尽量规范化。

语言应该是发展的，规范的标准也不是固定不变的，不可能一劳永逸。

学习语法修辞，有助于：第一，读书时，读得比较深入、比较细致，理解得比较敏捷、比较正确；第二，写作时，运用语言比较熟练、比较准确。

语法修辞与阅读写作

张志公

今天,打算谈三个问题:一、语法修辞与阅读写作的关系;二、语法修辞的用处;三、怎样学习和运用语法修辞。

先谈第一个问题:语法修辞与阅读写作的关系。

参加业余学习的同志都迫切要求迅速地、有效地提高写作能力,这是一种正当的要求。但是,绝不能把写作能力看作仅仅是方法问题。写作能力的高低决定于三方面的因素:第一,思想水平、知识见闻和多方面的实际经验;第二,思维能力;第三,语言文字的训练。语言文字的训练是决定写作能力的一个方面,不是唯一的方面。学习语法修辞,目的就在于加强语言文字的训练。

语言文字的训练又包括两个方面:一是运用语言文字的实际活动,包括口头语言(听和说)和书面语言(读和写)的活动;一是有关语言文字知识的训练。这两个方面密切相关,又有所区别。语文的实际活动和语言文字知识之间,活动是根本的;在读与写之间,读是根本的。这里着重谈的是读和写。在多读的基础上多写,写的训练才有效;在多读多写的基础上,再学点语言文字知识,这知识才有用。有些人只顾学知识,而不在读和写的实际活动方面下功夫,其结果是读写能力不能提高,或者提高不快。这时候,常常是回过头来否定语文知识。"学了好些知识,写作能力也不见提高,可见知识是没有用的。"其实,不是知识没有用,而是学得不得法,没有读写的实际活动做基础,知识成了空洞的东西。教书的人或编书的人如果把语文知识作用扩大化,认为有了知识就有了一切,不重视读写实际活动,其结果也必然要使自己所重视的语文知识遭到事实的否定,主观上觉得重视它,客观上反倒是削弱了它。在实践中,我得出这样的看法:只有让语言文字知识符合读写的实际需要,语文知识才能对读写实际活动起指导作用。学习语文知识是学习,读写活动本身也是学习,而且是更重要的学习。没有学过语文知识的人,照样可以读书,写作。世界上有许多没有学过兵法而能成为很好的战斗员指挥员的人,但是,没有只读兵书不上战场而能打胜仗的人。古今有许多没有学过语法修辞而能写出很好的文章的人,而没有只念语法修辞不练写作而能写出好文章的人。这样说,是否语文知识就不必要学了呢?不是。语文知识是必要的。由于传统的影响,社会上也有一股否定语文知识,认为语文知识毫无用处的风气。这是错误的。如果说,我们古代那些没有学过建筑学,凭着丰富的实践经验的工匠修建了那么些雄伟优美的各种建筑物,直使现代建筑学家惊讶赞叹不止。这是值得我们敬佩的,是引以为骄傲的。那么,在二十世纪的今天,以那些古代事实为论据来否定现代建筑学、材料力学等科学知识,就成为一种落后思想的表现了。问题只在于,应当教学哪些知识,怎么教,怎么学,特别是怎么用,怎么把知识和实践正确地结合起来。语文知识和语文实践的关系也是这样。这里是针对那种出于急于求成的心理,过分依赖知识,忽视实践的现象说的,所以首先强调指出实践的重要性。

读和写之间,读是写的基础,必须在多读的基础上进行写的训练。什么是读?从语文角度说,所谓读,一是吸收,一是观摩。学习别人的语言,积累丰富的语言材料,这就是吸收;学习别人的写作经验,这就是观摩。有了语言材料,有了别人的经验,再根据自己的实际需要去写,才能写得好。光写不读,写作能力不能提高。譬如唱戏,学唱戏不开口唱固然不行,不常听别人唱也不行;又譬如学打乒乓球,不动手打固然不行,光自己对着墙打,不看人家打,技术也不能提高。

明确了这些,我们再谈第二个问题:语法修辞的用处。

语法修辞的用处,首先在于提高我们对语言文字的敏感度。语言文字是有些规律性的东西的。知道了规律,再去看文章,就容易理解些。我们知道了语言文字的规律,有了对语言文字分解、分析的能力，并且逐渐养成了习惯，再去看文章，文章就不再是囫囵个的一块。学习语法修辞，有助于：第一，读书时，读得比较深入、比较细致，理解得比较敏捷、比较正确；第二，写作时，运用语言比较熟练、比较准确。

其次，学点语法修辞，有助于解决一部分辨别语言文字的正误优劣的问题。只能解决一部分问题，而不能解决全部问题。这是因为：语言文字在不断发展，不断变化，语言文字有不少变通的用法。任何语言的语法修辞知识都不能解决全部正误优劣的问题，而汉语尤其是这样。汉语中，纯粹的形态变化很少，语法、修辞、逻辑的关系更加密切。如果一句话在事理上是对的，在语法上一般也是对的。反之，一句不通的话，往往是在语法、修辞、逻辑各方面都有毛病。例如："我的个子比你大。"大家都承认这句话通，都知道是"我的个子比你的个子大"的省略说法，并不指责拿"个子"跟"你"相比。但是，如果援这个例，把"我的女儿比你的女儿大"说成"我的女儿比你大"，那就不通了，"的女儿"不能省掉。这是逻辑的规矩。正因为"个子"不能同"你"相比，所以"个子"可以省略，而"女儿"可以同"你"相比，所以不可省略。单靠语法书上讲点省略的道理未必能解决这种问题。但是，学点语法修辞，使我们对语言文字有个正误优劣的观念，解决一部分最基本的正误优劣的问题，那是很有用的。这有助于养成严格认真、细致推敲的习惯。当然，不学语法修辞，也可以从实际经验中培养辨别正误优劣的能力,而学了语法修辞,则可以更自觉、更有效地树立这种观念。如果我们读的时候能辨别正误优劣,那么,写的时候,也就会更熟练一些,更准确一些。

最后,简单地谈谈第三个问题:怎样学习和运用语法修辞。

第一,学习语法修辞要抓住关键。汉语语法修辞的关键问题有两个,一是选词,一是组织。"美丽,华丽,壮丽","严格,严厉,严肃,严谨",每组词意思上都有关联,而各自适用于一定的场合,要确切地了解它们的意思,使用时细心选择。选得不对,有时候会"差之毫厘,谬以千里"。写得好的文章,都是选词精到的。虚词也要选。"即使试验失败了,还是有收获的。""虽然试验失败了,还是有收获的。"两句只差一个虚词。前句用"即使",试验成败还不一定;后句用"虽然",表明试验确乎是失败了。一词之差,关系很大。在组织方面,不仅残缺、错乱是不行的,就是安排得不妥帖也不好。"天气变得很快,刚晴了两天,就阴了,晴了,又阴了。""天气变得很快,刚阴了两天,就晴了,阴了,又晴了。"这两句话给人的感觉多么不一样!为了学好选词和组织,当然要学一些有关的知识。但是注意力不要过于分散。如果五花八门的知识学了一大堆,而关键问题没抓紧,那于提高读书写作能力是不利的。

要抓住基本的东西,不要忙着去抠一些特殊的东西。例如，"是"字。最基本的用法是组成"甲是乙"这种句子，甲或者等于乙，或者属于乙的范围。要抓住这一条。平时我们写东西常常在这条基本的规矩上出毛病，像"我的家庭是中农出身"这种句子在习作里是常见的。至于什么"好是好，就是太贵了些""茉莉花比是花都香"，这种"是"，知道就行，不必忙着去抠。

抓关键性的东西，抓基本的东西，这是使学习有效果的很重要的一条。

第二，学了语法修辞，首先试着在阅读中运用。一是运用所学的知识去注意体会文章里选词的情形，一是用来试着分析某些句子的组织。仍旧要注意抓重点。不要眉毛胡子一把抓，逢词就推敲，遇句就分析，那样不必要，没好处。需要多思考一下的是重要的词，理解起来有些困难的词；需要分析一下的是构造虽不特殊，但是长而复杂、一下子闹不清各部分的关系、抓不住要领的句子。文章里往往有这样的句子：不长，不复杂，意思也很好懂，可是里边用了个成语或者别的习惯说法，按语法上所学的句子结构和句子成分不易分析。这种句子就不必勉强去分析。分析原是为了理解，意思既很好懂，何必为分析而分析呢？

第三，学语法修辞要多从运用上着眼，不要只管去抠术语概念。比如，"路边上停着一辆卡车。"这种句子怎样分析，一直有争论，有人说"路边上"是主语，有人说"卡车"是主语，有人说这是无主句。我觉得，更重要的是认识这种句子在运用上的特点：（1）开头总是个表示地点的词；（2）动词往往是表示移动或者放置之类的意思，加上"着"或者"了"，有时候也用"是"；（3）全句表示某处存在着什么或者出现了什么，动词就是表示存在或出现的方式的；（4）描述景物、景象的时候，常常用到这种句子。认识了这几点，我觉得比争论哪是主语更有用处些。试读朱自清先生的《荷塘月色》，你会发现那篇文章里使用了好些这类句子，而这些句子的运用很有助于景物的描写，使人有身临其境的感觉。当然，哪是主语之类的理论问题也是重要的，对这种问题有兴趣、有基础的，也可以跟专门研究语法的人一道去争论。不过，总不要忘了"学以致用"这一条。如果搞语法修辞只是为理论而理论，不解决实际运用问题，那就不对了。

第四，可以多做点选词、组句和修改文章的练习。比方，写了一封信，或者工作中写了个报告，不妨留个底稿，一方面用所学的语法修辞知识去检验检验，看看语文上有没有毛病，仔细修改修改，同时也可以抽出几句来，作为练习材料。一练选词：看看原句里所用的词可否换用别的词，能换哪几个，换用之后结果怎样，是不是能想到比原来所用的更恰当的词。一练组句：看看原句还有没有别的组织法，比如把一个长句变成几个短句，或者把几个短句并成一个长句，或者颠颠倒倒次序，换个说法，等等，这样重新组织之后，结果怎样，是不是有比原来的说法更严密或更活泼的说法。这种练习做多了，有助于熟练掌握所学的语法修辞知识，还有助于养成细致严密、灵活运用语言的能力。

学语法修辞，大致要经过这样几个过程：从不懂语法修辞变成懂点语法修辞；从不善于运用语法修辞知识，甚至于因为知道了一点语法修辞知识反而觉得受拘束、不自在，正像业余学唱戏的人刚懂了"板眼"的时候觉得很拘束、不大敢张口一样，变成熟练地运用语法修辞知识；从时常运用语法修辞知识，变成又丢掉了它，好像不管语法修辞而写出来就很妥帖，没有毛病，正像唱戏的人唱到后来不再打板，可是开口成腔，决不"走板"一样。

要文章的结构好,必须求之于思路。要思路清晰严密,必须善于观察事物,能够理解和认识事物。只有从锻炼观察能力和理解、认识的能力入手,才能培养起既活泼而又严密的思路;只有培养起这样的思路,写文章才会有好的结构。

怎样锻炼思路

张志公

文章的构成有三个方面：一是思想内容，一是结构组织，一是遣词造句。这三个方面不能互相代替，然而密切相关，文章就是这三个方面的统一体。思想内容是主要的，可是它必须靠严密的结构组织和正确恰当的词句表现出来。

这里谈谈结构组织的问题。结构组织就是文章里材料的安排，文章各部分的相互联系。

文章的结构组织是非常重要的。一篇文章，无论思想内容多好，无论词句多么优美，必须全篇组织得好。一层一层、一段一段，安排得清清楚楚，有条不紊，该详的详，该略的略。前前后后，联系得紧密，照顾得周到。没有前后脱节的地方，没有丢三落四的情形，没有拖泥带水的毛病，人家读了才能得到清晰明确的印象。常见有些青年同志写的文章，意思不能说不好，有的还很好，词句方面有点小毛小病，总还通顺。就是整篇组织得不好，不清楚，不严密，结果让人读着感到吃力。一遍看下来，还不能把他的意思搞明白。这样的文章，往往达不到写作的目的，至少要打很大的折扣。

文章的结构决定于文章的内容。为什么这篇文章分三段，那篇文章分五段，为什么先说这层意思，后说那层意思，这些，都是文章的内容决定的。

从作者写作的角度说，他怎样明确自己所写的内容，并且根据所写内容的需要来安排文章的结构呢？

这首先是个思路问题。作者的思路是他对客观事物怎样观察、理解、认识的反映。思路不是凭空产生的，而是以客观事物为基础的。客观事物反映在作者头脑里，经过观察、理解、认识的过程，形成了他对这样事物的印象、看法、态度或感情。把这些印象、看法、态度或感情理出个头绪来，就是所谓思路。按照这个思路写成文章，就是所谓结构组织。文章的结构组织是否清晰严密，表明作者的思路是否清晰严密。思路是否清晰严密，表明他对所写的客观事物是否形成了鲜明的印象、看法、态度或感情。

所以，要文章的结构好，必须求之于思路。要思路清晰严密，必须善于观察事物，能够理解和认识事物。只有从锻炼观察能力和理解、认识的能力入手，才能培养起既活泼而又严密的思路；只有培养起这样的思路，写文章才会有好的结构。

写一棵树，如果你对这棵树的形状、构造、生长发育、性质作用，都不知道，或者知道得不清楚，这篇文章将如何写法呢？先写什么后写什么呢？一切都将无法下手。勉强写些话出来，必然会前言不搭后语，使读的人也摸不着头脑。这还谈什么结构组织？写一件事，如果你对这件事的前因、后果、发展、演变、作用、意义，都搞不清楚，所知既然模糊，看法和态度就更难得鲜明。这样，文章又将何从组织？总之，自己不明白，就无法使读者明白。

其次是文章的性质、对象和目的。文章总是写给特定的对象看，为了解决特定的问题的。文章里的材料怎样安排，各个部分怎样组织，要看文章是写给谁的，是为什么写的。比方，某处有一件重要的事情，你去调查了一下，回来之后把那件事情写下来，向领导报告。这该怎么写法？当然只有原原本本把事情的经过从头至尾地写出来，用不着什么"倒叙""插叙"那些办法。如果想把这件事情写成个通讯报道，在报刊上发表，写法就许不同一些，可能先把结果写出来，然后再回过头去写事情的发生和经过，中间也许要补充一点跟这件事情有关的情况，以便一般读者能够了解得清楚一些，并且也要考虑到怎样安排才能引起读者的注意，使他乐于读下去。倘若拿这件事情做题材，写成一个短篇小说，写法就会更不一样。写自己对某个问题的看法，也要看写给谁和为什么而写来考虑文章的结构——是写给有关的个别同志看，还是写出来发表？如果发表，是在哪里发表？给哪些读者看？是着重表明自己的意见，还是着重批评一种相反的、错误的意见？虽然谈的是同一个问题，由于对象和目的不同，文章里先说什么，后说什么，怎样提出问题，怎样得出结论，也就是说，文章的结构组织怎样安排，也会有种种不同。

所以，要文章的结构好，除了先决地求之于思路的清晰严密之外，还要把写作的对象和目的明确起来。不能为结构而结构。结构是为写文章的目的服务的。

总之，结构不是个单纯的方法技巧问题，虽然这里边有方法和技巧。有些青年同志在学习语文，希望提高自己的写作能力，听说写文章要讲究篇章结构，于是想找人教给点谋篇布局的方法。方法当然需要讲，然而那还不是根本的。根本的问题在思路，在写作要有明确的目的。特别是思路，这是关乎文章结构的最根本的东西。

思路需要锻炼，也是可以锻炼的。思路一要开阔活跃，二要细致严密。锻炼就是向着这个目标来的。入手处一在观察，二在思考。看一样东西，不是毛毛草草地看一眼就算数，而是多看看，仔细看看，一边看着一边想一想，一定要把它看清楚，想明白。比如看一座山，可以从远处看它的整体，看它的气势，又可以走到近处看它的岩石树木；可以从山脚看上去，又可以从山顶看下来；可以从这座山想到那座山，想到过去看过游过的山，也可以从山上的泉水瀑布想到由这里发源的溪流江河；可以从它的景色想到它的蕴藏，也可以从它的今天想到它的明天；如此等等。不是随便看看，不是胡思乱想，而是认真地看看，用心地想想，做到对这样东西了然于胸。对事物有了这么一种明晰的印象，等到要写文章，根据写作的目的考虑一下，哪些写进去，哪些不写，哪些多写一点，哪些少写一点，先写什么，后写什么，再写什么，从哪里写起，到哪里转个弯，到哪里结束，心里有了这么个数，一步一步写下去，写完之后反复看一看，读一读，如果有详略不合适、连贯不顺畅、联系不周密的地方，好好改一改，这不就是结构组织吗？看一件事情，想一个道理，也是这样。知道了结果，一定找一找原因，想一想用这个原因说明这个结果合理不合理；下了个判断，一定找一找根据，想一想这根据充分不充分。正面想想，反面想想，把有关的事情或道理联系起来想想。总之，要做到对这件事或者这个道理了然于胸。这样，头脑里也就有了头绪，写起文章来也就有了条理。

当然，能够这样看事情，思考事情，要靠具备一定的实践基础，认识水平，以及知识的蓄积。但是，这里边也有个习惯问题。注意锻炼，能逐渐养成好的习惯，不注意锻炼，也会助长了不好的习惯。因此，我们说锻炼是有用的，是不可忽视的。经过不断的、有意识的锻炼，能够使我们的思路在现有的思想水平和知识水平的基础上,尽其可能地开阔活跃起来,细致严密起来。那样,写文章就能够比较地铺陈得开,不至于干干巴巴地一疙瘩,就能够比较地有些条理脉络,不至于颠来倒去,麻乱一团,或者前后脱节,丢三落四了。

除了自己经常注意之外,读好的文章,用心理解它的层次结构,也是锻炼思路的很有效的办法。因为从那里可以领会到作者的思路是怎样开展的,这对我们会有很大的启发作用。

不仅读议论性的文章应当这样读法,读记叙性的文章也一样。不仅读现代的文章需要从思路上着眼,读古代的优秀的文章也需要。由于有些人读古文往往只注意其中的生字、难句和某些辞藻,特别是读那些短小优美的散文更是这样,而对它的结构所反映的作者的思路,却往往忽视。因此,读好文章时强调注意作者的思路,是十分必要的。这里举柳宗元的《小石潭记》做个例子:

> 从小丘西行百二十步,隔篁竹,闻水声,如鸣珮环,心乐之。伐竹取道,下见小潭,水尤清洌。全石以为底,近岸,卷石底以出,为坻,为屿,为嵁,为岩。青树翠蔓,蒙络摇缀,参差披拂。
>
> 潭中鱼可百许头,皆若空游无所依。日光下彻,影布石上,佁然不动;俶尔远逝,往来翕忽。似与游者相乐。

潭西南而望，斗折蛇行，明灭可见。其岸势犬牙差互，不可知其源。

坐潭上，四面竹树环合，寂寥无人，凄神寒骨，悄怆幽邃。以其境过清，不可久居，乃记之而去。

同游者：吴武陵，龚古，余弟宗玄。隶而从者，崔氏二小生：曰恕己，曰奉壹。

这是一篇游记。游记并不是一边游着一边写，而是游完之后，想着游览的情景写的。这篇文章表现出的作者的思路大致是这样：他先想到小石潭所在的地方，想到逐渐走近小石潭的时候听见怎样的声音（闻水声，如鸣珮环），看见一些什么景物（潭边的石头和树木）；然后继续想，走到潭边向潭里注视的时候看见怎样的景象（游鱼……似与游者相乐）；接着想下去，看过潭里的游鱼之后，又抬起头来顺着潭岸向远处眺望，看见了怎样的情景（斗折蛇行，犬牙差互，不可知其源）；近处、远处都观赏到了，该坐下来休息休息了，于是写坐在潭边看见什么，感觉到什么；最后，游够了，该回去了，于是写回去，一直写到同游的人和作这篇游记。显然，文章的结构组织所反映的正是作者游览时观察的顺序，和写文章之前回想思索的顺序。如果我们游了一个地方，只要游览的时候很细心地观察了，对每处景物的最突出的东西都留有清晰鲜明的印象，只要写的时候把游览的过程和所得的印象都想清楚了，我想，我们也同样能够写出这样一篇有条有理而又清新生动的游记来。文章的结构不是一件难事。

有的同志给我来信，要我谈谈怎样读文章；有的同志要我谈谈怎样写文章，特别是怎样把文章的结构安排得好些。我想，这两个方面能够统一起来。

读文章，可以这样读法：粗读一遍，想一遍，再细读一遍。

粗读一遍的目的在于对这篇文章能够"粗知大意，得其梗概"。因此，哪怕篇幅比较长，也尽可能一口气读下来，有少数地方不甚明了，暂时由它去，不细想，也不查字典。

想一遍，就是想一想那个大意和梗概。什么是大意和梗概呢？主要是这么几点：

1. 这篇文章主要地谈了个什么问题？或者说了件什么事情？

2. 这篇文章是写给谁看的，为了什么目的而写的？

3. 文章里主要说了几层意思？前前后后的几层意思是怎样的关系？

这第三点，其实就是文章的结构组织。

想这一遍是大有用处的。读报纸刊物上的一般的文章，有时候只能读一遍，没有时间重读第二遍。如果读一遍就丢在一边，往往印象模糊，稍过两天就忘了。读过之后略微想一想，把上边说的那三点回味一下，印象就清楚多了，深刻多了。这样才不白读，才能从中得到点什么。倘若是一篇重要文章，是要好好学习的文章，读一遍、想一遍，对它有了个初步的了解，对上边说的三点有了个比较清晰的印象之后，再去细读，才能使自己的思路跟作者的思路合拍一些，才知道哪些地方应当特别注意，应当深入揣摩，这样，收获能够更大些。常见有的同志读文章，一上手就一字一句地抠起来，半天还不能读它一遍，一直读到头，所得的多是些零零星星的印象，得不出一个完整扼要的印象；也有的同志，草草读过一遍之后，马上又回过头来重读，有时候读了两三遍，印象还是很笼统，甚至相当模糊，理不出个头绪。我想，这种情形可能都是由于缺少想那一遍。想一遍，这是个习惯问题。养成这个习惯之后，费时很少，往往只要几分钟、十来分钟就行，而收效很大。

再细读一遍，目的在于咀嚼，消化：

1.验证第一遍读过之后，所得的印象对不对。对的，加深它，巩固它；不对的，纠正它。

2.求透。懂得不清楚的，要思考，揣摩，要查考工具书；前前后后的联系照应，要弄明白；主要的，次要的，要搞清楚。要得出总的、全面的理解；也要得出分解的、一部分一部分的理解。

3.求深。要体会含蓄蕴藏的意思，要玩味精微细致的情境，要领略论断臧否的分寸。

我想：用这样的一些步骤来读文章，对于锻炼思路是很有好处的。如果思路不断地得到锻炼，自己写文章的时候，在结构组织方面就会有些办法了。

对语文训练感兴趣的人，似应注意到下列三点：粗俗的方言俚语应力求避免，除非在特殊的机缘偶一使用；标准语文应力求其使用纯熟；文学的语文则有志于文艺创作者必须痛下功夫勤加揣摹。

中国语文的三个阶段

梁实秋

语文和其他的人类行为一样,因人而异,并不能是到处完全一致的。我们的国语国文,有其基本的法则,无论在读法、语法、句法,各方面都已约定俗成,通行无碍。但是我们若细按其内容,便会发现在成色上并不尽同,至少可以分为三个阶层:粗俗的,标准的,文学的。

所谓粗俗的语文,即是指一般文盲以及没有受过多少教育的民众所使用的语文而言。从前林琴南先生攻击白话文,斥为"引车卖浆者流"所使用的语文,实即指此而言。这一种语文,字汇很贫乏,一个字可以当许多字用,而且有些字有音无字,没法写出来。但是在词汇方面相当丰富,应事实之需要随时有新词出现。这种语文,一方面固然粗俗、鄙陋、直率、浅薄,但在另一方面有时却也有朴素的风致、活泼的力量和奇异的谐趣。方言土语也是属于此一范畴。

粗俗的语文尽管是由民众广泛地在使用着，究竟不足为训。所谓语文教育的目的，大部分在于标准语文的使用之训练。所谓标准语文，异于方言土语，是通行全国的，而其词句语法皆合于一般公认的标准，并且语句雅驯，不包括俚语鄙语在内。我们承认北平区域的语言为国语，这只是说以北平区域的发音为国语的基准，并不包括北平的土语在内。一个北平的土著，他的国语发音的能力当然是没有问题的，但是他的每个字的读音未必全是正确，因为他有许多土音夹杂在内。有人勉强学习国语，在不该加"儿"字的地方也加"儿"，实在是画蛇添足。

标准语写出来不一定就是好的标准文，语与文中间还是有一点距离的。心里怎样想，口里怎样说，笔下怎样写——这道理是对的，但是由语变成文便须有剪裁的功夫。很少的人能文不加点，更少的人能出口成章。说话杂七杂八，行文拖泥带水，是我们最容易犯的毛病。语体文常为人所诟病，以为过于粗俗，纵能免于粗俗，仍嫌平庸肤浅，甚至啰唆无味。须知标准语文本身亦有高下不同的等级，未可一概而论。"引车卖浆者流"的粗俗语文，固无论矣，受过教育的人，其说话作文，有的简捷了当，有的冗沓枝节，有的词不达意，有的气盛言宜。语文训练便是教人一面怎样说话，一面怎样作文，话要说得明白清楚，文要写得干净利落。

语文而达到文学的阶层便是最高的境界了。文学的语文是供人欣赏的，其本身是经过推敲的，其措辞用字千锤百炼以能充分而适当地表达情意为主。如何使声调保有适当的节奏之美，如何巧妙地使用明譬与暗喻，如何用最经济的手法描写与陈述，这都是应在随时考虑之中的课题。一个文学作家如果缺乏一个有效的语文工具，只能停滞在"清通"的阶段，那将是很大的缺憾。因为"清通"的语文只能算是日常使用的标准语文，不能符合文学的需要。固然，绚烂之极趋于平淡。但是那平不是平庸之平，那淡不是淡而无味之淡，那平淡乃是不露斧斫之痕的一种艺术韵味，与那稀松平常的一览无遗的标准语文是大不相同的。文学的语文之造诣，有赖于学力，亦有赖于天才，而且此种语文亦只求其能适当，雕琢过分则又成了毛病。

这三种语文虽有高下之不同，却无优劣之判。在哪一种环境里便应使用哪一种语文。事实上也没有一个人能永远使用某一阶层的语文，除非那一个人永远是文盲。粗俗的语文在文学作品里有时候也有它的地位，例如在小说里要描写一个市井无赖，最好引用他那种粗俗的对话。优美的文学用语如果用在日常生活的谈吐中间，便要令人觉得不亲切、不自然，甚至是可笑。对语文训练感兴趣的人，似应注意到下列三点：粗俗的方言俚语应力求避免，除非在特殊的机缘偶一使用；标准语文应力求其使用纯熟；文学的语文则有志于文艺创作者必须痛下功夫勤加揣摹。

Part 4

古文同样很重要

学习的敌人是自己的满足,要认真学习一点东西,必须从不自满开始。对自己,"学而不厌",对人家,"诲人不倦",我们应取这种态度。

——毛泽东

古代汉语大概有一千到一千二百个常用词，把它像学外文记生字那样地记住，大有好处。不要记那些深奥难懂的字。从前教和学古代汉语的人都走错了路，专记那些生僻的字，如那时小孩子喜欢找一个难懂的字去考老师，这样做是没有好处的。

怎样学习古代汉语

王力

今天我来讲怎样学习古代汉语,这个问题分以下五方面来谈:一、历史观点的树立;二、感性认识与理性认识相结合;三、词汇学习的重要性;四、语法的学习;五、学习的具体措施。

一、历史观点的树立

我们都知道语言是发展的,它随着历史的变迁而变化,但同时它也不可能变化得很大,因为它一方面有发展,一方面还有它的稳固性。因为有继承,所以几千年前的汉语和现代汉语有许多共同处,这是继承的一方面,但它也有发展的一方面,这就是古代汉语和现代汉语有所不同。因此,我们学习汉语首先须树立历史观点,知道它有相同,有不同,有继承,有发展,这对我们学习汉语是有很大好处的。

现在就词汇方面来谈，词汇方面也是有继承有发展的。那么我们对语言的发展要注意什么问题呢，如果是很大的不同，容易发现，也容易知道它不同。古代没有的东西，现在有的，语言的表现就不同。如现代的飞机、拖拉机以及各种科学和工具，都是古代所没有的，当然它就不同；还有些东西是古代有现在没有的，因为古代有许多风俗习惯和工具，都是现在所没有的，所以不可能在现代汉语中找出从前古老的词汇来，这种大不相同的地方，大家都容易注意到。但是，有些并不是大不相同，而是大同小异，古代的和现代的看起来好像是一样的，可是真正仔细考察起来，却并不一样。为什么呢，因为现代汉语是从古代汉语发展来的，两者不可能有很大不同。刚才说的很大的不同，只是小部分不同，大部分都是大同小异。因为从古代来是有继承的一面，但由于时代的不同，它也有发展的一面，所以我们学习古代汉语，特别要注意又同又不同、大同小异的地方。

现在举例来说："睡"字不但现代有，古代也有，古书上的"睡"字似乎也好懂，也没有问题。可是仔细一看，却并不完全一样。"睡"字在汉代以前，是坐着打瞌睡的意思，和躺在床上睡觉的意思不同。《战国策·秦策》中说："（苏秦）读书欲睡，引锥自刺其股，血流至足。"他这句话的意思是说：苏秦一面读书，一面想打瞌睡，于是他用锥子刺他的大腿，他就醒了。这个"睡"就是打瞌睡的意思。因为读书是坐着的，他并不想睡觉，而只是因为感到困乏想打瞌睡，所以用锥子刺他的大腿。如果说他读书时想睡觉，那岂不是说他太不用功了。又如，《史记·商君列传》："孝公既见卫鞅，语事良久，孝公时时睡，弗听。"这句话是说卫鞅和秦孝公谈话，秦孝公不爱听他的，所以说孝公时时打瞌睡。这个"睡"字如解作睡觉就不对了。因为他们尽管是君臣关系，秦孝公也决不会如此不礼貌，竟躺在床上睡起觉来了。所以，每一个词的意义都有它的时代性，它随着时代的变化而改变，这一点很重要，因为换了时代后，我们就不能以老的意义去看它了。例如唐朝杜甫的《彭衙行》中有一句话："众雏烂漫睡，唤起沾盘餐。"是说小孩们随着大人逃难，到了一个地方后，孩子们困极了，倒在床上睡得很香。如以汉朝以前的意思来讲，说孩子们打瞌睡，那就不通了，因为要说小孩们打瞌睡，就不能睡得那么香。

池塘的"塘"字在唐朝以前的一般意思也和现代的很不一样。原来的"塘"字，是指在河旁边防水的堤。唐诗崔颢《长干行》中有"君家何处住，妾住在横塘"之句，句中的"横塘"是地名，一定是在堤的旁边，她决不会住在池塘里。又如谢灵运的《登池上楼》中有"池塘生春草，园柳变鸣禽"之句，这里的"塘"就是堤的意思。说春草生在堤上是可以的，决不能说它生在池塘里。总之，"塘"字在唐朝时的意义和现在的意思不一样。

又如,"恨"字在汉朝以前,一般不讲作仇恨的意思,只当遗憾的意思讲。在古代,"恨"和"憾"是同义词。诸葛亮在《出师表》中说:"先帝在时,每与臣论此事,未尝不叹息痛恨于桓、灵也。"这句话是说,刘备在世时,常谈到汉桓帝、灵帝时宠信宦官的事,感到悲痛与遗憾。这里的"痛恨"不能用现在的"痛恨"来解释,因为桓帝、灵帝都是汉朝的皇帝,诸葛亮怎能痛恨皇帝、骂皇帝呢。

书信的"信"字。在汉朝以前,写信不说写信,说"作书"或"修书"。当时信就叫"书",带信的人才叫"信",如带信的使臣叫"信使",所以在古代,"信"和"书"的意义不同。《世说新语·雅量》中:"谢公与人围棋,俄而谢玄淮上信至,看书竟,默然无言。"是说谢安正与人下围棋时,他的侄子谢玄从淮上派人来了,谢安看信后默默无言。这里面有书有信,"信至"的"信"和"看书"的"书"的意思不一样。

"仅"字在唐朝时和现在的意义不但不一样,且相反。现在的"仅仅"是极言其少,而在唐时,则极言其多,有"差不多达到"的意思。杜甫在《泊岳阳城下》中说:"江国逾千里,山城仅百层。"他说当时的山城差不多达到一百层,是很高的意思,不能拿现在的说法,说它仅仅一百层,这样就不通了。

韩愈在《张中丞传后叙》中说:"初守睢阳时,士卒仅万人。"就是说他在安禄山造反镇守睢阳时,守城的士兵差不多达到一万人,他都认识他们并能叫出他们的名字,这是很了不起的。如以现代的解释,说仅仅一万人那就不对了。

从词的意义的变化,可以看出历史观点的重要。我们要研究古今这些词的意义的异同,哪些相同,哪些不同,应该搞得很清楚。因为看古书,太深的字不怕,我们可以查字典得到解答。如"靝"字,这个字太深,但我们从《康熙字典》上可以查出这个字就是道家的"天",一点儿也不难。又如"墬"字,这个字也很深,但是我们一查《辞海》,知道它就是"地"字。所以说,难字难不倒我们,容易的字,倒易迷糊。刚才举的许多字,都是很容易的字,每人都认识它,由于太熟悉了,所以古今的不同就容易忽略,容易放过,这样使我们读古书读得半懂半不懂,实际就是不懂,那就有点儿像我们读日文,许多字我们认识,就是不懂它的意义。当然读古代汉语不能与读日文相比,但有一点是相同的,那就是不要以为字很熟就懂得它的意义了。所以说,我们必须要树立历史观点。

二、感性认识与理性认识相结合

怎样来学习古代汉语?这有种种不同的方法,效果也不一样。一种是重视感性认识,古人就采取这种方法。古人学习一篇文章,强调把它从头到尾地来熟读和背诵。古人读书从小就背诵几百篇文章，重视感性认识。学校成立以后，尤其是"五四"以后，逐渐喜欢讲道理，新中国成立以后，更要求讲规律。不管讲道理和讲规律，都是重视理性认识。这两种办法到底哪一种好？我认为两种办法都好，两者不能偏废，不能单采取一种办法。现在有些青年说，古代汉语难懂，好像比外语还难懂。这话过分了一些，无论如何古代汉语不会比外语难懂，可是其中也说明一个问题，那就是说，我们要以学习外文的方法去学习古代汉语。学外文的经验，首先强调记生字，还要背诵，把外文念得很熟，然后看见一个字、一个词，或读一本书，马上能了解它的意思。最高的程度，就是看书不查字典，举笔就能写文章，说外语时脑子里不用中文翻译，随口而出。过去普通懂外文的人说外国话时，先考虑中文怎么说，然后再翻成外文；外文程度好的人，就不需要先在脑中翻译，可以直接用外文来想。学习古代汉语的经验和学外语的经验差不多。我们要能看到字就知道这字在古代怎样讲，用不着想这个字或这句话在现代是怎样说，在古代怎么说，就好像已经变为古人的朋友，整天和古人在一起谈话似的，这样的效果就很好。

古代人学习古文，不但读的是文言文，而且连写的都是文言文。他们对家里人说的是一种话，关在书房里说的是另一种话，他对古人说古人话，甚至还对朋友说古人话，慢慢地训练成为能说两种话的人，就成为语言学中所谓"二言人"。这种人精通两种话，说哪一种话都用不着想。比如一个孩子是四川人，家住在北京，他在家里讲四川话，在学校里讲北京话，两种话都能说得很好，这种人很不少。我们学习古代汉语也需要培养这种人，就是现代汉语和古代汉语两样都精通，拿起古书来好像跟古人在谈话，不像现代人，等到拿起《人民日报》时，又变为现代人了，这样就容易学好。所以现在连中学都逐渐鼓励背书，这并不是没有理由的。背书就是重视感性认识，是有效果的。我们原来向同学们提出背诵时，大家表示欢迎，后来因为没有时间，有困难，他们就又说："不要背古书了吧，因为古人的思想不对头，有毒素，念熟了容易受他的影响。"我认为不能这样说。因为我们现在选读的古文，大都是思想健康的，即使有一点毒素也没有什么可怕，因为我们还有马列主义这个思想武器嘛，还怕封建思想的毒害，还怕斗不过它吗？所以我们读古书还要背诵，强调感性认识。我们认为要有足够的感性认识，才能提高到理性认识。

我们学习古代汉语，找出一条经验，就是要把三样东西结合起来学习：一是古代汉语文选，二是常用词，三是古汉语通论。我们要把常常见面的词记熟了，学古代汉语和学外语一样要记生字。古代汉语大概有一千到一千二百个常用词，把它像学外文记生字那样地记住，大有好处。不要记那些深奥难懂的字。从前教和学古代汉语的人都走错了路，专记那些生僻的字，如那时小孩子喜欢找一个难懂的字去考老师，这样做是没有好处的。我们应研究那些在古书中最常见的字。那些不常见的字，你研究它有什么好处呢，同时常用词中，我们还要记它常用的意义，那些生僻的意义，可以不记它。比如一个字有五个常用的意义和五个生僻的意义，那我们就要去记那五个最常用的意义。所以我们要搞常用的、普遍的，不搞那些特殊的、奇怪的。同学们认为记常用词很有用处，因为一个常用词一般在这里是这个意义，在别处一定也是这个意义。要不是这种情况的话，那就要另作处理了。譬如稍微的"稍"字，这个字现代和古代的意义不一样。"稍"字在古代当作"渐渐"讲。《汉书》里有一句话："吏稍侵凌之"，是说一个人做官很老实，连衙门里的小官吏都渐渐地欺他老实。这里"稍"字就含有渐渐地、得寸进尺地去欺负他的意思。如解作"稍微"的话，就不对了，因为不能说稍微地去欺负他。直到宋代，"稍"字还是这个意思。苏轼的诗中有"娟娟云月稍侵轩"之句，是描写他从一个地方回家时看见月亮慢慢升上去，渐渐侵入窗户中的景色，是非常富于诗意的，如要说月亮"稍微"侵入窗户时，就完全没有诗意了。这样我们如掌握了"稍"字这个常用字的词义后，到处就能用"渐渐"来解释它了。

再说"再"字在古代汉语中当"两次"讲。"再来"就是来两次，"再会"就是会两次。所有的"再"字，都当这个意思讲。古代汉语中的"五年再会",如用现代汉语来讲,是说五年后再见;古代汉语则解作"五年之内会面两次"。两者差别多大,所以如果掌握了常用词的词义,就到处用得上了。

古汉语通论,就是讲理论、讲道理、讲规律。讲古代语法、语音、词汇以及文字学的一些道理,来帮助我们深入地了解古代汉语。三部分中的文选是感性知识部分,古汉语通论是理性知识部分,常用词既是感性又是理性,说它是感性,就是说它当生字来记,说它理性,就是掌握词义后到处可用,也可说掌握它的规律。把古代汉语分为文选、常用词、古汉语通论三部分,把理性知识与感性知识好好结合起来。此外,我们还要强调自己动脑筋、想问题。这样的要求是比较高一些,可以提出,但不要对一般同学提出这要求。古代汉语怎样能懂呢?把很多的文章凑起来,加以分析、概括、领悟,就能懂了。如"再"当两次讲,就是从每一篇有"再"字的文章中去领悟它的意义是否一样,当你发现所有的"再"字都当两次讲时,你就恍然大悟,知道这个"再"字当两次讲了。所以这是领悟出来的,归纳概括出来的。因为它是客观存在的东西,你从许多文章中加以研究、分析、概括,真的意思就找出来了,比查字典还好。因为字典本身有缺点,如《辞源》《辞海》《说文解字》等,都是以文言文来解释文言文,看了以后仍不懂,等于白看了。

另外,字典中的解释并不都很完善,还有待于我们修正和补充，如"再"字当两次讲，在《说文》中是讲了，普通字典就没有这样解释。所以要我们自己去悟它，琢磨它，就可以搞懂这种道理。

再以学外文为例，要学好不能单听老师讲，还要自己动脑筋去悟去领会它。特别中国人学欧洲文字，它和我们中文很不相同，有些地方是我们特别要注意的，是书本所没有讲的，是需要我们领悟出来的。学汉语也是如此，我们不但懂了，而且还要悟出道理来，这就是创造。一方面我们学懂了，而且还做了研究工作，所以说感性认识和理性认识相结合是很重要的。

三、词汇学习的重要性

学习语言有以下四个方面：一是语音，就是这几个字怎样念。二是语法，就是句子的结构，如说"我吃饭"，有的国家和民族就不是这样说，如日本人说"我饭吃"。又如"白马"，我们许多少数民族说成"马白"，等于我们说"白马"。总之，句子的结构都有一种法则，这就叫语法。三是词汇，词汇是一切事物、行为和性质的名称，如"天"字，英语说成 sky，俄语读成 небо，都不相同。第四是文字，是语言的符号。假如文字不算在内的话，那么我们学习语言就只有三个要素：语音、语法和词汇。

语音问题不大，因为我们读古书不一定要学古人的读音，但是我们也要知道古今读音的不同。如"人"字，北京音读

"ren",上海音白话读作"nin",文言读"zen"。据我们的研究,古人"人"字的读音和上海白话的"nin"差不多。这种东西对我们学习古代汉语来讲不太重要,古人读音可以让专家去研究,我们一般仍按北京音去读,上海人就按上海音去读好了。

语法比较重要,但不是最重要的一种,我们过去教古代汉语常常有一种误解,以为语法讲法则,只要把古代汉语的语法研究好了就等于掌握了规律,完成学习古代汉语的任务了。其实不然,因为语法有很大的稳固性,它变化不大,如"我吃饭",在古代和现在差不多。特别是比较文的话,如"抗震救灾",从古代到现在都一样。语法变化不大,所以我们放弃了词汇不研究,专去研究语法还是不解决问题。再说我们的前辈学古文,也不是从语法入手,他们都是念得很熟,能背诵,那时恐怕还不懂什么叫语法,可是他们学习得比我们现在一般人还好。所以我们应着重在词汇方面。我们不能像学外语语法那样,因为外语的语法和我们的差别太大,不学好是不行的。我们现代汉语和古代汉语差别不大,所以我们学习的重点应放在词汇上面,要注意词义的古今异同。首先我们要攻破词汇关,特别是要掌握常用词。我们常有这种想法,感到古人的词汇很贫乏,不够用,不像我们现在那样的丰富。应该说现代汉语的词汇比过去丰富,但不能说古代汉语的词汇很贫乏。我们应该注意古人的许多概念分得很细,可是由于我们不了解,把它混同起来了而感到贫乏。古人其实在某些地方，比我们现代分得还细。例如，古人说青、赤、黄、白、黑五色，是正色。此外，还有别的颜色，如青黄加起来成为绿色，白色加青色成为碧色，赤色加白色成为红色，黑色加赤色成为紫色。从颜色来看，分得很清，不简单。再以红色来讲，红有粉红、大红，古人却只有红色，是不是因为没有粉红而觉得贫乏了呢，其实不然，古代大红叫赤或叫朱，粉红才叫红。《论语》中孔子说："红紫不以为亵服。"因为红紫不是正色，赤才是正色。"红旗"是用现代汉语说的；日本《赤旗报》的"赤旗"两字，倒用的是我们古代汉语。但是，从词义讲，我们要注意时代性。红在古时作粉红讲，但到唐朝时却当大红讲。如白居易的词中说："日出江花红胜火，春来江水绿如蓝。"这里的"红"就是大红，和现代的意义是一样的了。再讲蓝色，古人叫青。青草的"青"，青天的"青"，就是蓝色的意思。所以我们不能说古人没有蓝色的概念，不过它是以"青"字来表示罢了。古时的"蓝"，不当蓝色讲。"青出于蓝而胜于蓝"这个成语中的"蓝"是染料，用它来染丝棉织物时，它的颜色是蓝的。它的意思是说：青色从染料中出来，而它的颜色却胜过染料本色。如解作青色出于蓝色，且胜过蓝色，这就乱了。刚才讲过白居易词中的"春来江水绿如蓝"，其中的"蓝"，也不是青色，是说水色绿得好像染料一样，并不是说绿色比蓝色更绿，否则不像话了。由此可见，古人的概念还是分得很细，由于我们不注意，了解得不够，所以觉得古人的词很多，可是用起来意思却是一样而显得贫乏了。其实我们真正深入地去进行研究时，就会发现古人的概念是分得很细的，有些比我们现在还细。

现在来讲几个词："寝、卧、眠、寐、睡、假寐。"这几个词，虽然同是与睡觉发生关系的概念，可是分得很细。"寝"是躺在床上睡；"卧"是倚着矮桌子睡；"眠"是闭上眼睛，没有睡着；"寐"是闭上眼睛，没有知觉，也就是睡着了的意思。古人说"眠而不寐"，就是闭着眼睛没有睡着。"睡"是坐寐的意思，就是坐在那里睡着了；它和"寝"不同，因"寝"是躺在床上睡的。"假寐"就是不脱衣冠坐在那里打瞌睡。单从上述有关睡觉的概念来说，已分为六类，由此可知古人的概念还是分得很细的。

现在再举"项""颈""领"三词为例。这三个词的概念在古代汉语中也分得很细。"领"是指整个脖子，如"引领而望"是说伸长着脖子在远望；"首领"是脑袋和脖子的总称。"项"是指脖子的后部。古人的成语"项背相望"是说：一个跟着一个在走，后面的人望着前面人的"项背"，如说"颈背相望"那就不对了，因为在背后的人是不能望见前面人的颈子的。如说"领背相望"也不好，因为没有说清楚后面的人望着前面人的"项"。

"颈"一般是指脖子的前面。古人说"刎颈"是自杀的意思，如楚霸王项羽刎颈自杀了，不能说"刎项"，因为"项"

是在后面的,那就自杀不了。所以古人对词的概念在有些地方是分得很细的,不能说它贫乏,相反的,在某些概念上倒是分得很清楚的。

再举例来说,关于胡子的问题,古人分为"须""髭""髯"三个概念。口下为"须",唇上为"髭",两旁叫"髯"。关公的髯很长,所以称作"美髯公"。总的名称,也可以用"须"字。我们现在没有这样丰富的概念,不管是上面的、口下的、两旁的都叫作胡子。概念的多少,分得细不细与时代的风俗习惯有关。"须""髭""髯"之分,因为古时男子多数留须,所以需要加以区别。现在我们留胡子的人少,不需要分得这样仔细,统称为"胡子"就可以了。还有,在我们古书上,猪、马、羊、牛的名称种类很多,就是因为在畜牧时代,对初生的猪、一岁的猪、二岁的猪的名称,都需要分开,才能讲得清楚。所以说,一个时代跟一个时代不同,一个民族跟一个民族不同,因此也就不能简单地说古人的词汇是贫乏的。这是讲词汇的第一个问题。

前面提到,古人的词汇不贫乏。在日常生活中用到的词,古人都具备。照斯大林的讲法,这叫作基本词汇。在日常生活中用到的词,就概念来说,古人都有,不过他们所用的词跟我们现在不完全一样。比如"红"的概念,古人也有,不过用"赤"字来表示。现在的"睡"字,古人则用"寐"字。"睡醒了",古人也有"醒"的概念,不过是用了"觉悟"的"觉"

或"寤"字。这个"醒"是后起的字，上古时代没有。我们现在讲"睡觉"，在古时是"睡醒"的意思。上古时代没有现在的"泪"字，这自然不能表明古人没有"泪"的概念，上古时代，用"涕"字来表示。《诗经》有句"涕零如雨"，是说眼泪流下来像雨一样。如果我们不了解它的意思，把它当成"鼻涕"的意思，那就会解释成"鼻涕流下来像雨一样"。这就不对了。那么，古人用什么字表示鼻涕呢？是个"泗"字。《诗经》有"涕泗滂沱"的话，是说眼泪、鼻涕一起流下来。还有上古时代，没有"睛"字，这个"睛"字，用现在的话说，就是眼珠子。古人有"眼珠"的概念，是用"眼"字表示的。所以伍子胥死时，他曾说过把他的眼挖出来，挂在城门上的话。那时说挖眼就是挖眼珠的意思。那么古人用什么字来表示"眼睛"的概念呢，这就是大家所知道的"目"字。这个"目"字，现在还用。再有"高低"的"低"字，上古时候也没有。那时用"下"字表示"低"的概念。古书中常有"高下"的说法。孟子曾说过："如水之就下"，即水往低处流的意思。根据以上所说，我们可以肯定地说，现在的一般概念，古人都有，至于用什么词来表示，那和现在不一样。

关于古代词汇，现在我们好像懂得，但又不一定真懂。要注意，有些词，不要以为讲得通就算对。讲通了有时也会出错。有时讲起来似乎不会有什么问题了，其实不然，恰恰还有问题。刚才提到苏东坡的诗句"娟娟云月稍侵轩"，其中的"稍"字作"稍微"讲，也能讲得通，但这样的讲法不对。另外，"时不再来"这句话，出在《史记·淮阴侯列传》，那里说："时乎时，不再来。""时不再来"这四个字，大家都认识，用现在的话解释，就是时间不再来，这样讲好像不难懂。其实这样解释是不对的，"时"不作"时间"讲，而是时机的意思；"再"是两次，"再来"是来两次，整句话的意思是时机不会来两次。

可见讲通了的未必就是对的。再举个例子，《史记·万石张叔列传》有"对案不食"的话，这好像容易懂，"案"是桌子，"对案不食"就是对着桌子吃不下饭。因为当时万石君的儿子做错了事，万石君很伤心，吃不下饭，他儿子因此就悔过。所以这个故事中才用了"对案不食"的话。但要知道，汉朝时候没有桌子，古人是"席地而坐"的。"案"这里不能当桌子讲，是一种有四条腿的托盘，可以用来放饭菜。古人吃饭时，就把饭菜盛在托盘里，因为它有四只脚，可以平放在地上。"对案不食"，是说对着盛放饭菜的托盘，吃不下饭去。这样讲就对了。如果这里把"案"讲成桌子，虽然也能讲得通，可是在别的地方就讲不通。语言是有社会性的，一个词在这里这样讲，能讲得通，在别的句子里讲不通，那就有问题，比如在"举案齐眉"这个成语里，把"案"讲成"桌子"，那就讲不通。"举案齐眉"的故事是说从前有夫妻二人，丈夫叫梁鸿，妻子叫孟光，他们相敬相爱。孟光给她丈夫送饭，把盛饭菜的盘子举得和眉一般齐。"案"只能解释为"盘"，如果要讲成桌子，那孟光一定举不起来了。总而言之，对古人用词，要有敏感，要仔细分析，要从大量的材料中进行概括，进行比较，通过自己的思考，把它弄清楚。单纯地靠查字典，那是不够的。

四、语法的学习

刚才讲到，语法没有词汇那样重要，因为古今的语法变化不大。但这不等于说，古今语法没有变化，也不等于说我们可以不必学古代汉语语法。

关于古代汉语语法，我想可以找些书看看。比较通俗的有杨伯峻的《文言语法》。因此我不详细讲了，只能举些例子说说。

常常有人提到，在否定句中有个词序问题。所谓否定句，是指含有"不、莫"这一类字眼的句子，比如"不知道我"，古人说的时候，要把词序颠倒过来，说"不我知"。这就是说，在否定句中，要把宾语提到动词前面去。还有"你"字，古代说成"汝"，"他"字说成"之"，"自己"说成"己"。这一类都是代词，在否定句中，如作宾语用，一律提到动词前面，说成"不我知""不汝知""不之知""不己知"。这可以说是一条规律，用得很普遍，几乎没有例外的情况。

疑问句中的宾语，也要提前。不过这里有个限制，宾语必须是代词，比如"何"字，是个代词，它在"尔何知"这句话中作宾语用，需要提到动词前面。如果不提前，说成"尔知何",那不合语法。有个成语"何去何从",意思是离开什么,追随什么。这个"何"字也在动词的前面。《孟子》中有句话:"先生将何之?""之"者,往也,是"去"的意思。这个"何"是动词"之"的宾语,需要提前。上古时候,"往"字不带直接宾语,因此这句话不能改成"先生将何往"。何以见得?这可用《孟子》中另外一句话做比较说明。《孟子》中有句话说:"天下之父归之,其子焉往。"这个"焉"字作"于何处"讲,而"于"是介词,所以"焉"能当"往"的间接宾语用。

学习古代汉语语法,要仔细进行分析。宾语要提前,得有条件,那就是必定在否定句、疑问句的情况下。另外,宾语必须是代词,如果是普通名词,那就不能提前,比如说"不骑马",就不能说成"不马骑"。"知我",不能说成"我知",因为这不是否定句。如果学习时忘了这些条件,那就容易出错。《论语》中说:"不患人之不己知,患不知人也。"意思是不怕人家不知道自己,只怕自己不知道人家。这句话中,"不己知"中的"己"字,提到了动词前面,"不知人"的"人"却没有提前。这些地方都值得注意。语法方面有很多问题值得研究,有的可研究得很细。不妨再举个例子。"之"和"往"有分别,"之"本来是"往"的意思,但从语法上看,"之"不等于"往",其中有差别。"之"的后面可以带直接宾语,而"往"则不能,比如说到宋国去,可说"之宋",到齐国去,可说"之齐",但不能说"往宋""往齐"。总之,关于学习古代汉语语法，因受时间的限制，不能多讲。前面所讲的，只想说明一个问题，那就是我们也要注意学习语法。

五、学习的具体措施

提到具体措施，首先是要拿出时间，慢慢地学。应当循序渐进，不能急躁，不能企图一下子就学好。这就是所谓欲速则不达。学外国语，有所谓"俄语一月通"，一个月内学通俄语，那种学法是不会学得牢固的。学习古汉语也一样，不能企图一两个月学好。我们说，学古汉语，学一二年不算多。北大学生，每周学四小时，学二年，还只能学到一般的东西，谈不到学得深透。学习不能速成。我知道大家想学得快学得好，希望能讲些规律，以为掌握了规律就算学好。规律是需要讲的，但不能把规律看得很简单。学习语文是个反复的过程，快了不行。比如给古书断句，很不简单，常常有点错的情况。点错的或点不断句的，那他一定不懂书的意思，就算是点对了，也还不能说他就一定懂。同学们常点不断句，他们提出问题，问怎样点才能点得对。这就涉及掌握规律的问题。不会断句的原因是多方面的，有词汇方面的原因，有语法方面的原因，还有不了解古时风俗习惯的原因，等等。可见规律是很复杂的。如果只是讲规律，不从感性知识方面入手，那是不行的。两者应当结合起来。刚才有人提了这样那样的问题，我想总的回答一句，就是学得多了，才能逐渐积累起来，积累多了，问题就解决了。要不然,一个一个问题解决,零星琐碎,而且还达不到自己的愿望。那么,究竟怎么办呢?我看要多读些好文章。可以读读《古文观止》,这书市面上有卖的,其中一共有两百多篇文章,不要求都读,可以少读些,读三五十篇就可以。要读,就要读些思想性较好的或自己爱读的文章,最好能够背诵,至少要读熟。此外还可念些诗,读读《唐诗三百首》。三百首太多,不妨打个折扣,也挑选些思想性好、爱读的诗读读,读一二百首也就可以了。要读得熟,熟能生巧。所以学古汉语的最基本要求,就是念三五十篇古文,一二百首唐诗。宁可少些,但要学得精些。

另外,要学些常用词,这也很重要。关于常用词,只要认真学,是容易掌握的。那些过深的词,可以不必学它。如果要求高些,还可以念些较深的书,如《诗经》《论语》《孟子》。可以先念《孟子》,再念《论语》,这两部书都比较浅。《诗经》稍难些,可以最后学。前两部书可整个念,最末一部可以念选本。《论语》可以选用杨伯峻的《论语译注》,《孟子》可读兰州大学中文系编的《孟子译注》,《诗经》可以采用余冠英的《诗经选》。除此以外,在学习方面还有更高的要求,这里就不多讲了。

现在有个尝试,小学生读古文,开始他们学不懂,这没有关系,只要熟读了,慢慢地就会懂的。这些话与刚才讲的要仔细地读,好像有矛盾,其实这里没有矛盾,刚才说的那些,都是从较高的要求提出的。我们不要有惧怕的心理,因为古汉语中一定有容易懂的地方。能懂一些,就会培养出兴趣来。有了兴趣,就能慢慢地读通古文。北大的学生在学校要学二年,诸位不妨读它三年或更长的时间。我相信你们是一定能够学得好的。这也算是我对你们的希望吧!

(本文选入时有删减)

人情或人性不相远,而历史是连续的,这才说得上接受古文学。但是这是现代,我们有我们的立场。得弄清楚自己的立场,再弄清楚古文学的立场,所谓"知己知彼",然后才能分别出哪些是该扬弃的,哪些是该保留的。

古文学的欣赏

朱自清

新文学运动开始的时候，胡适之先生宣布"古文"是"死文学"，给它撞丧钟，发讣闻。所谓"古文"，包括正宗的古文学。他是教人不必再作古文，却显然没有教人不必阅读和欣赏古文学。可是那时提倡新文化运动的人如吴稚晖、钱玄同两位先生，却教人将线装书丢在茅厕里。后来有过一回"骸骨的迷恋"的诗，也是反对做旧诗，不是反对读旧诗。但是两回反对读经运动却是反对"读"的。

反对读经，其实是反对礼教，反对封建思想，因为主张读经的人是主张传道给青年人，而他们心目中的道大概不离乎礼教，不离乎封建思想。强迫中小学生读经没有成为事实，却改了选读古书，为的了解"固有文化"。为了解固有文化而选读古书，似乎是国民分内的事，所以大家没有说话。可是后来有了"本位文化"论，引起许多人的反感，"本位文化"论跟早年的保存国粹论同而不同，这不是残余的而是新兴的反动势力。这激起许多人，特别是青年人，反对读古书。

可是另一方面，在"本位文化"论之前有过一段关于"文学遗产"的讨论。讨论的主旨是如何接受文学遗产，倒不是扬弃它。自然，讨论到"如何"接受，也不免有所分别扬弃的。讨论似乎没有多少具体的结果，但是"批判地接受"这个广泛的原则，大家好像都承认。接着还有一回范围较小、性质相近的讨论。那是关于《庄子》和《文选》的。说《庄子》和《文选》的词汇可以帮助语体文的写作，的确有些不切实际。接受文学遗产若从"做"的一面看，似乎只有写作的态度可以直接供我们参考。至于篇章字句，文言语体各有标准，我们尽可以比较研究，却不能直接学习。因此，许多大中学生厌弃教本里的文言，认为无益于写作，他们反对读古书，这也是主要的原因之一。但是流行的《作文法》《修辞法》《文学概论》这些书，举例说明，往往古今中外兼容并包，青年人对这些书里的"古文今解"倒是津津有味地读着，并不厌弃似的。从这里可以看出青年人虽然不愿信古，不愿学古，可是给予适当的帮助，他们却愿意也能够欣赏古文学，这也就是接受文学遗产了。

说到古今中外，我们自然想到翻译的外国文学。从新文学运动以来，语体翻译的外国作品数目不少，其中近代作品占多数，这几年更集中于现代作品，尤其是苏联的。但是希腊罗马的古典，也有人译，有人读，直到最近都如此。莎士比亚至少也有两种译本。可见一般读者（自然是青年人多），对外国的古典也在爱好着。可见只要能够让他们接近，他们似乎是愿意接受文学遗产的，不论中外。而事实上，外国的古典倒容易接近些。有些青年人以为，古书古文学里的生活跟现代隔得太远，远得渺渺茫茫的，所以他们不能也不愿接受那些。但是外国古典该隔得更远了，怎么事实上倒反容易接受些呢？我想从头来说起，古人所谓"人情不相远"是有道理的。尽管社会组织不一样，尽管意识形态不一样，人情总还有不相远的地方。喜怒哀乐爱恶欲总还是喜怒哀乐爱恶欲，虽然对象不尽同，表现也不尽同。对象和表现的不同，由于风俗习惯的不同；风俗习惯的不同，由于地理环境和社会组织的不同，使我们跟古代跟外国隔得远的，就是这种种风俗习惯。而使我们跟古文学、跟外国文学隔得远的，尤其是可以算作风俗习惯的一环的语言文字。语体翻译的外国文学打通了这一关，所以倒比古文学容易接受些。

人情或人性不相远，而历史是连续的，这才说得上接受古文学。但是这是现代，我们有我们的立场。得弄清楚自己的立场，再弄清楚古文学的立场，所谓"知己知彼"，然后才能分别出哪些是该扬弃的，哪些是该保留的。弄清楚立场就是清算，也就是批判，"批判地接受"就是一面接受着，一面批判着。自己有立场，却并不妨碍了解或认识古文学，因为一面可以设身处地为古人着想，一面还是可以回到自己立场上批判的。这"设身处地"是欣赏的重要的关键，也就是所谓"感情移入"。个人生活在群体中，多少能够体会别人，多少能够为别人着想。关心朋友，关心大众，恕道和同情，都由于设身处地为别人着想，甚至"替古人担忧"也由于此。演戏，看戏，一是设身处地地演出，一是设身处地地看入。做人不要做坏人，做戏有时候却得做坏人。看戏恨坏人，有的人竟会丢石子甚至动手去打那戏台上的坏人。打起来确是过了分，然而不能不算是欣赏那坏人做得好，好得教这种看戏的忘了"我"。这种忘了"我"的人显然没有在批判着。有批判力的就不致如此，他们欣赏着，一面常常回到自己，自己的立场。欣赏跟行动分得开，欣赏有时可以影响行动，有时可以不影响，自己有分寸，做得主，就不至于糊涂了。读了武侠小说就结伴上峨眉山，的确是糊涂。所以培养欣赏力同时还得培养批判力，不然，"有毒的"东西就太多了。然而青年人不愿意接受有些古书和古文学，倒不一定是怕那"毒"，他们的第一难关还是语言文字。

打通了语言文字这一关，欣赏古文学的就不会少，虽然不会赶上欣赏现代文学的多。语体翻译的外国古典可以为证。语体的旧小说如《水浒传》《西游记》《红楼梦》《儒林外史》，现在的读者大概比二三十年前要减少了，但是还拥有相当广大的读众。这些人欣赏打虎的武松、焚稿的林黛玉，却一般的未必崇拜武松，尤其未必崇拜林黛玉。他们欣赏武松的勇气和林黛玉的痴情，却嫌武松无知识，林黛玉不健康。欣赏跟崇拜也是分得开的。欣赏是情感的操练，可以增加情感的广度、深度，也可以增加高度。欣赏的对象或古或今，或中或外，影响行动或浅或深，但是那影响总是间接的，直接的影响是在情感上。有些行动固然可以直接影响情感，但是欣赏的机会似乎更容易得到些。要培养情感，欣赏的机会越多越好，就文学而论，古今中外越多能欣赏越好。其间古文和外国文学都有一道难关——语言文字。外国文学可用语体翻译，古文学的难关该也不难打通的。

我们得承认古文确是"死文字"，死语言，跟现在的语体或白话不是一种语言。这样看，打通这一关也可以用语体翻译。这办法早就有人用过，现代也还有人用着。记得清末有一部《古文析义》，每篇古文后边有一篇白话的解释，其实就是逐句的翻译。那些翻译够清楚的，虽然啰唆些。但是那只是一部不登大雅之堂的启蒙书，不曾引起人们注意。五四运动以后，整理国故引起了古书今译。顾颉刚先生的《盘庚篇今译》（见《古史辨》），最先引起我们的注意。他是要打破古书奥妙的气氛，所以将《尚书》里佶屈聱牙的这《盘庚》三篇用语体译出来，让大家看出那"鬼治主义"的把戏。他的翻译很谨严，也够确切，最难得的，又是三篇简洁明畅的白话散文，独立起来看，也有意思。近来郭沫若先生在《由周代农事诗论到周代社会》一文（见《青铜时代》）里翻译了《诗经》的十篇诗，风雅颂都有。他是用来论周代社会的，译文可也都是明畅的素朴的白话散文诗。此外还有将《诗经》《楚辞》和《论语》作为文学来今译的，都是有意义的尝试。这种翻译的难处在乎译者的修养，他要能够了解古文学，批判古文学，还要能够照他所了解与批判的译成艺术性的或有风格的白话。

翻译之外，还有讲解，当然也是用白话。讲解是分析原文的意义并加以批判，跟翻译不同的是以原文为主。笔者在《国文月刊》里写的《古诗十九首集释》，叶绍钧先生和笔者合作的《精读指导举隅》（其中也有语体文的讲解），浦江清先生在《国文月刊》里写的《词的讲解》，都是这种尝试。有些读者嫌讲得太琐碎，有些却愿意细心读下去。还有就是白话注释，更是以读原文为主。这虽然有人试过，如《论语》白话注之类，可只是敷衍旧注，毫无新意，那注文又啰里啰唆的。现在得从头做起，最难的是注文用的白话；现行的语体文里没有这一体，得创作，要简明朴实。选出该注释的词句也不易，有新意更不易。此外还有一条路，可以叫作拟作。谢灵运有《拟魏太子邺中集诗》，综合地拟写建安诗人，用他们的口气作诗。江淹有《杂体诗》三十首，也是综合而扼要地分别拟写历代无名的五言诗人，也用他们自己的口气。这是用诗来拟诗。英国麦克士·比罗姆著《圣诞花环》，却以圣诞节为题用散文来综合、扼要地拟写当代各个作家。他写照了各个作家，也写照了自己。我们不妨如法炮制，用白话来尝试。以上四条路都通到古文学的欣赏，我们要接受古代作家文学遗产，就可以从这些路子走进去。

青少年时代,确是一个神秘莫测的时代。那时的感情,确像一江春水,一树桃花,一朵早霞,一声云雀。它的感情是无私的,放射的,是无所不想拥抱,无所不想窥探的。

与友人论学习古文

孙犁

承问我学习古代文字的经验，实在惭愧，我在这方面的根底很薄，不能冒充高深。

我上小学的时候，是一九一九年，已经是国民小学。在农村，小学校的设备虽然很简陋，不过是借一家闲院，两间泥房做教室，复式教学，一个先生教四班学生。虽然这样，学校的门口，还是左右挂了两面虎头牌："学校重地"及"闲人免进"。

你看未进校门之先，我们接触的，已经是这样带有浓厚封建国粹色彩的文字了。但进校后所学的，还是新学制的课本，并不是过去的五经四书了。

所以，我在小学四年，并没有读过什么古文。不过，在农村所接触的文字，例如政府告示、春节门联、婚丧应酬文字，还都是文言，很少白话。

我读的第一篇"古文",是我家的私乘。我的父亲,在经营了多年商业以后,立志要为我的祖父立碑。他求人——一位前清进士撰写了一篇碑文,并把这篇碑文交给小学的先生,要他教我读,以备在立碑的仪式上,叫我在碑前朗诵。父亲把这件事,看得很重,不只有光宗耀祖的虔诚,还有教子成才的希望。

我记得先生每天在课后教我念,完全是生吞活剥,我也背得很熟,在我们家庭的那次大典上,据反映,我读得还不错。那时我只有十岁,这篇碑文的内容,已经完全不记得,经过几十年战争动乱,那碑也不知道到哪里去了。但是,那些之乎者也,那些抑扬顿挫,那些起承转合,那些空洞的颂扬之词,好像给我留下了深刻的印象。

然后我进了高等小学。在这二年中,我读的完全是新书和新的文学作品,父亲请了一位老秀才,教我古文,没有给我留下任何印象。因为我看到他走在街头的那种潦倒状态,以为古文是和这种人物紧密相连的,实在鼓不起学习的兴趣。这位老先生教给我的是一部《古文释义》。

在育德中学,初中的国文讲义中,有一些古文,如《孟子》《庄子》《墨子》的节录,没有引起我多少兴趣。但对一些词,如《南唐二主词》、李清照《漱玉词》和《苏辛词》,发生了兴趣,一样买了一本,都是商务印书馆印的学生国学丛书的选注本。

为什么首先爱好起词来？是因为在读小说的时候，接触到了一些诗词歌赋。例如《红楼梦》里的《葬花词》、《芙蓉诔》，鲁智深唱的《寄生草》，以及什么祖师的偈语之类。青年时不知为什么对这种文字，这样倾倒，以为是人间天上，再好没有了，背诵抄录，爱不释手。

现在想来，青少年时代，确是一个神秘莫测的时代。那时的感情，确像一江春水，一树桃花，一朵早霞，一声云雀。它的感情是无私的，放射的，是无所不想拥抱，无所不想窥探的。它的胸怀，向一切事物都敞开着，但谁也不知道，是哪一件事物或哪一个人，首先闯进来，与它接触。

接着，我读了《西厢记》、苏曼殊的《断鸿零雁记》、沈复的《浮生六记》。一个时期，我很爱好那种凄冷缠绵、红袖罗衫的文字。

无论是桃花也好，早霞也好，它都要迎接四面八方袭来的风雨。个人的爱好，都要受时代的影响与推动。我初中毕业的那一年，"九一八"事变发生；第二年，"一·二八"事变发生。在这几年中，我们的民族危机，严重到了一触即发的程度。保定地处北方，首先经受时代风云的冲激。报纸杂志、书店陈列的书籍，都反映着这种风云。我在高中二年，读了很多政治经济学方面的书籍。我在一本一本练习簿上，用蝇头小楷，孜孜矻矻作读《费尔巴哈论》和其他哲学著作的笔记。也是生吞活剥，但渐渐觉得它们确能给我解决一些当前现实使我苦恼的问题。我也读当时关于社会史和关于文艺的论战文章。

这样很快就把我先前爱好的那些后主词、《西厢记》，冲扫得干干净净。

高中二年，在课堂上，我读了一本《韩非子》，我很喜好这部书。读了一部《八贤手札》，没有印象。高中二年的课堂作文，我都是作的文言文，因为那时的老师是一位举人，他要求这样。

因为功课中，有修辞学，有名学（就是逻辑学），有文化史、伦理学史、哲学史，所以我还是断断续续接触了一些古文，严复、林纾翻译的书，我也读了一些。

高中毕业以后，我没有能进入大学，所以我的古文，并没有得到过大学文科的科班训练，只能说是中学的程度。

以上，算是我在学校期间，学习古文的总结。

抗战八年间，读古书的机会很少，但是，偶尔得到一本，我也不轻易放过，总是带在身上，看它几天。记得，我背过《孟子》《楚辞》。

你说，已经借到一部大学用的古代汉语，选目很好，并有名家注释。这太好了。"文化大革命"后期，我没有书读，也是借了两本这样的书，每天晚上读，并抄录下来不少。

我们只能读些选本。鲁迅反对读选本，是就他那种学力，并按照研究的要求提出的。我们是处在学习阶段，只能读些有可靠注释的选本。我从来也不敢轻视像《古文观止》《唐诗三百首》这样的选本。像这样的选家,这样的选本,造福于后人的,实在太大了。进一步,我们也可以读《昭明文选》,这就比较深奥一些。不能因为鲁迅反对过读文选,我们就避而远之。土地改革期间,我在小区工作,负责管理各村抄送来的图籍,其中有一部胡刻文选的石印本,我非常爱好,但是不敢拿,在书堆旁边,读了不少日子。

至于什么《全上古汉……文》《全汉三国晋南北朝诗》,对我们来说,买不起又搬不动,用处不大。民国初年,上海有一家医学书局,主持人是丁福保,他编了一部《汉魏六朝名家集》,初集共四十家,白纸铅印线装,轻便而醒目,我买了一部,很实用。从中,我们可以看到,很多大作家,留给我们的文集,只是薄薄的一本,这是因为当时不能印刷广为流传,年代久远,以至如此。唐宋以后,作家保存文章的条件就好多了。对于保存自己的作品,传于身后,白居易是最用了脑筋的,他把自己的作品,抄写五部,分存于几大名山寺院之中,他的文集,得以完整无缺。

唐宋大作家文集,现在都容易得到,可以置备一些。这样,可以知道他一生写了哪些文章,有哪些文体,文集中又都附有关于他的评论和碑传,也可以增加对作家的理解。宋以后的文集,如你没有特殊兴趣,暂时可以不买。

读古文,可以和读历史相结合。《左传》《战国策》,文章写得很好，都有选本。《史记》《三国志》《汉书》《新五代史》，文章好，史、汉有选本。此外断代史，暂时不读也可以。可买一部《纲鉴易知录》，这算是明以前的历史纲要，是简化了的《资治通鉴》，文字很好。

另有一条道路，进入古文领域，就是历代笔记小说，石印的《笔记小说大观》，商务印的《清代笔记小说选》，部头都大些。买些零种看看也可以。至于像《世说新语》《唐语林》《扪言》《梦溪笔谈》《容斋随笔》等，则应列为必读的书。

如果从小说进入，就可读《太平广记》《唐宋传奇》《聊斋志异》和《阅微草堂笔记》。这些书，大概你都读过了。

至少要读一本文学史，谢无量的《中国大文学史》，鲁迅常引用。文论方面，可读一本《文心雕龙》。

学习古文，主要是靠读，不能像看白话小说，看一遍就算了。要读若干遍，有一些要背过。文读百遍，其义自明，好文章是越读越有味道的。最好有几种自己喜欢的选本，放在身边，经常拿起来朗读。

总之，学习古文的途径很多。以文为主，诗、词、歌、赋并进，收效会大些。

手边要有一本适宜读古文的字典，遇到一些生字，随时查看。直到现在，我手边用的还是一本过去商务印的《学生字典》，对我的读书写作，帮助很大。

学习古文，除去读，还要作，作可以帮助读。遇有机会，可作些文言小文，这也算不得复古，也算不得遗老遗少所为，对写白话文，也是有好处的。

一九八一年三月二十八日

歌谣可分为徒歌和乐歌。徒歌是随口唱，乐歌是随着乐器唱。徒歌也有节奏，手舞足蹈便是帮助节奏的；可是乐歌的节奏更规律化些。

经典常谈——诗经

朱自清

诗的源头是歌谣。上古时候，没有文字，只有唱的歌谣，没有写的诗。一个人高兴的时候或悲哀的时候，常愿意将自己的心情诉说出来，给别人或自己听。日常的言语不够劲儿，便用歌唱；一唱三叹得叫人回肠荡气。唱叹再不够的话，便手也舞起来了，脚也蹈起来了，反正将劲儿使到了家。碰到节日，大家聚在一起酬神作乐，唱歌的机会更多。或一唱众和，或彼此竞胜。传说葛天氏的乐八章，三个人唱，拿着牛尾，踏着脚，似乎就是描写这种光景的。歌谣越唱越多，虽没有书，却存在人的记忆里。有了现成的歌儿，就可借他人酒杯，浇自己块垒；随时拣一支合式的唱唱，也足可消愁解闷。若没有完全合式的，尽可删一些改一些，到称意为止。流行的歌谣中往往不同的词句并行不悖，就是为此。可也有经过众人修饰，成为定本的。歌谣真可说是"一人的机锋，多人的智慧"了。

歌谣可分为徒歌和乐歌。徒歌是随口唱，乐歌是随着乐器唱。徒歌也有节奏，手舞足蹈便是帮助节奏的；可是乐歌的节奏更规律化些。乐歌在中国似乎早就有了，《礼记》里说的土鼓、土槌儿、芦管儿，也许是我们乐器的老祖宗。到了《诗经》时代，有了琴瑟钟鼓，已是洋洋大观了。歌谣的节奏，最主要的靠重叠或叫复沓；本来歌谣以表情为主，只要翻来覆去将情表到了家就成，用不着费话。重叠可以说原是歌谣的生命，节奏也便建立在这上头。字数的均齐，韵脚的调协，似乎是后来发展出来的。有了这些，重叠才在诗歌里失去主要的地位。

有了文字以后，才有人将那些歌谣记录下来，便是最初的写的诗了。但记录的人似乎并不是因为欣赏的缘故，更不是因为研究的缘故。他们大概是些乐工，乐工的职务是奏乐和唱歌；唱歌得有词儿，一面是口头传授，一面也就有了唱本儿。歌谣便是这么写下来的。我们知道春秋时的乐工就和后世阔人家的戏班子一样，老板叫作太师。那时各国都养着一班乐工，各国使臣来往，宴会时都得奏乐唱歌。太师们不但得搜集本国乐歌，还得搜集别国乐歌。不但搜集乐词，还得搜集乐谱。那时的社会有贵族与平民两级。太师们是伺候贵族的，所搜集的歌儿自然得合贵族们的口味；平民的作品是不会入选的。他们搜得的歌谣，有些是乐歌，有些是徒歌。徒歌得合乐才好用。合乐的时候，往往得增加重叠的字句或章节，便不能保存歌词的原来样子。除了这种搜集的歌谣以外，太师们所保存的还有贵族们为了特种事情，如祭祖、宴客、房屋落成、出兵、打猎等等作的诗。这些可以说是典礼的诗。又有讽谏、颂美等等的献诗；献诗是臣下作了献给君上，准备让乐工唱给君上听的，可以说是政治的诗。太师们保存下这些唱本儿，带着乐谱；唱词儿共有三百多篇，当时通称作"诗三百"。到了战国时代，贵族渐渐衰落，平民渐渐抬头，新乐代替了古乐，职业的乐工纷纷散走。乐谱就此亡失，但有还有三百来篇唱词儿流传下来，便是后来的《诗经》了。

"诗言志"是一句古诗；"诗"（詩）这个字就是"言""志"两个字合成的。但古代所谓"言志"和现在所谓"抒情"并不一样；那"志"总是关联着政治或教化的。春秋时通行赋诗。在外交的宴会里，各国使臣往往得点一篇诗或几篇诗叫乐工唱。这很像现在的请客点戏，不同处是所点的诗句必加上政治的意味。这可以表示这国对那国或这人对那人的愿望、感谢、责难等等，都从诗篇里断章取义。断章取义是不管上下文的意义，只将一章中一两句拉出来，就当前的环境，作政治暗示。如《左传》记载，襄公二十七年，郑伯宴晋使赵孟于垂陇，赵孟请大家赋诗，他想看看大家的"志"。子太叔赋的是《野有蔓草》。原诗首章云："野有蔓草，零露漙兮，有美一人，清扬婉兮。邂逅相遇，适我愿兮。"子太叔只取末两句，借以表示郑国欢迎赵孟的意思；上文他就不管。全诗原是男女私情之作，他更不管了。可是这样办正是"诗言志"；在那回宴会里，赵孟就和子太叔说了"诗以言志"这句话。

到了孔子时代，赋诗的事已经不行了，孔子却采取了断章取义的办法，用诗来讨论做学问做人的道理。"如切如磋，如琢如磨"，本来说的是治玉，将玉比人。他却用来教训学生做学问的功夫。"巧笑倩兮，美目盼兮，素以为绚兮"，本来说的是美人，所谓天生丽质。他却拉出末句来比方作画，说先有白底子，才会有画，是一步步进展的；作画还是比方，他说的是文化，人先是朴野的，后来才进展了文化——文化必须修养而得，并不是与生俱来的。他如此解诗，所以说"思无邪"一句话可以包括"诗三百"的道理；又说诗歌鼓舞人，联合人，增加阅历，发泄牢骚，事父事君的道理都在里面。孔子以后，"诗三百"成为儒家的"六经"之一，《庄子》和《荀子》里都说到"诗言志"，那个"志"便指教化而言。

但春秋时列国的赋诗只是用诗，并非解诗；那时诗的主要作用还在乐歌，因乐歌而加以借用，不过是一种方便罢了。至于诗篇本来的意义，那时原很明白，用不着讨论。到了孔子时代，诗已经不常歌唱了，诗篇本来的意义，经过了多年的借用，也渐渐含糊了。他就按着借用的办法，根据他教授学生的需要，断章取义地来解释那些诗篇。后来解释《诗经》的儒生都跟着他的脚步走。最有权威的毛氏《诗传》和郑玄《诗笺》差不多全是断章取义，甚至断句取义——断句取义是在一句、两句里拉出一个两个字来发挥，比起断章取义，真是变本加厉了。

毛氏有两个人：一个毛亨，汉时鲁国人，人称为大毛公；一个毛苌，赵国人，人称为小毛公。是大毛公创始《诗经》的注解，传给小毛公，在小毛公手里完成了。郑玄是东汉人，他是专给《毛传》作《笺》的。有时也采取别家的解说；不过别家的解说在原则上也还和毛氏一鼻孔出气，他们都是以史证诗。他们接受了孔子"无邪"的见解，又摘取了孟子的"知人论世"的见解，以为用孔子的诗的哲学，别裁古代的史说，拿来证明那些诗篇是什么时代用的。为什么事作的，便是孟子所谓"以意逆志"。其实孟子所谓"以意逆志"倒是说要看全篇大意，不可拘泥在字句上，与他们不同。他们这样猜出来的作诗人的志，自然不会与作诗人相合；但那种志倒是关联着政治教化而与"诗言志"一语相合的。这样的以史证诗的思想，最先具体地表现在《诗序》里。

《诗序》有《大序》《小序》。《大序》好像总论，托名子夏，说不定是谁作的。《小序》每篇一条，大约是大小毛公作的。以史证诗，似乎是《小序》的专门任务；传里虽也偶然提及，却总以训诂为主，不过所选取的字义，意在助成序说，无形中有个一定方向罢了。可是《小序》也还是泛说的多，确指的少。到了郑玄，才更详密地发展了这个条理。他按着《诗经》中的国别和篇次，系统地附合史料，编成《诗谱》，差不多给每篇诗确定了时代；《笺》中也更多地发挥了作为各篇诗的背景的历史。以史证诗，在他手里算是集大成了。

《大序》说明诗的教化作用；这种作用似乎建立在风、雅、颂、赋、比、兴，所谓"六义"上。《大序》只解释了风、雅、颂。说风是风化（感化）、讽刺的意思，雅是正的意思，颂是形容盛德的意思。这都是按着教化作用解释的。照近人的研究，这三个字大概都从音乐得名。风是各地方的乐调，《国风》便是各国土乐的意思。雅就是"乌"字，似乎描写这种乐的呜呜之音。雅也就是"夏"字，古代乐章叫作"夏"的很多，也许原是地名或族名。雅又分《大雅》《小雅》，大约也是乐调不同的缘故。颂就是"容"字，容就是"样子"；这种乐连歌带舞，舞就有种种样子了。风、雅、颂之外，其实还该有个"南"。南是南音或南调，《诗经》中《周南》《召南》的诗，原是相当于现在河南、湖北一带地方的歌谣。《国风》旧有十五，分出二南，还剩十三；而其中邶、鄘两国的诗，现经考定，都是卫诗，那么只有十一《国风》了。颂有《周颂》《鲁颂》《商颂》，《商颂》经考定实是《宋颂》。至于搜集的歌谣，大概是在二南、《国风》和《小雅》里。

赋、比、兴的意义，说数最多。大约这三个名字原都含有政治和教化的意味。赋本是唱诗给人听，但在《大序》里，也许是"直铺陈今之政教善恶"的意思。比、兴都是《大序》所谓"主文而谲谏"；不直陈而用譬喻叫"主文"，委婉讽刺叫

"谲谏"。说的人无罪,听的人却可警诫自己。《诗经》里许多譬喻就在比、兴的看法下,断章断句地硬派作政教的意义了。比、兴都是政教的譬喻,但在诗篇发端的叫作兴。《毛传》只在有兴的地方标出,不标赋、比;想来赋义是易见的,比、兴虽都是曲折成义,但兴在发端,往往关系全诗,比较更重要些,所以便特别标出来。《毛传》标出的兴诗,共一百十六篇,《国风》中最多,《小雅》第二;按现在说,这两部分搜集的歌谣多,所以譬喻的句子也便多了。

(本文选入时标题有改动)

赋似乎是我国特有的体制，虽然有韵，而就它全部的发展看，却与文近些，不算是诗。

经典常谈——辞赋

朱自清

屈原是我国历史里永被纪念着的一个人。旧历五月五日端午节,相传便是他的忌日;他是投水死的,竞渡据说原来是表示救他的,粽子原来是祭他的。现在定五月五日为诗人节,也是为了纪念的缘故。他是个忠臣,而且是个缠绵悱恻的忠臣;他是个节士,而且是个浮游尘外、清白不污的节士。"举世皆浊而我独清,众人皆醉而我独醒",他的身世是一出悲剧,可是他永生在我们的敬意尤其是我们的同情里。"原"是他的号,"平"是他的名字。他是楚国的贵族,怀王时候,做"左徒"的官。左徒好像现在的秘书。他很有学问,熟悉历史和政治,口才又好。一方面参赞国事,一方面给怀王见客,办外交,头头是道,怀王很信任他。

当时楚国有亲秦、亲齐两派,屈原是亲齐派。秦国看见屈原得势,便派张仪买通了楚国的贵臣上官大夫、靳尚等,在怀王面前说他的坏话。怀王果然被他们所惑,将屈原放逐到汉北去。张仪便劝怀王和齐国绝交,说秦国答应割地六百里。楚和齐绝了交,张仪却说答应的是六里。怀王大怒,便举兵伐秦,不料大败而归。这时候想起屈原来了,将他召回,教他出使齐国。亲齐派暂时抬头。但是亲秦派不久又得势。怀王终于让秦国骗了去,拘留着,就死在那里。这件事是楚人最痛心的,屈原更不用说了。可是怀王的儿子顷襄王,却还是听亲秦派的话,将他二次放逐到江南去。他流浪了九年,秦国的侵略一天紧似一天,他不忍亲见亡国的惨象,又想以一死来感悟顷襄王,便自沉在汨罗江里。

《楚辞》中《离骚》和《九章》的各篇,都是他放逐时候所作。《离骚》尤其是千古流传的杰构。这一篇大概是二次被放时作的。他感念怀王的信任,却恨他糊涂,让一群小人蒙蔽着、播弄着。而顷襄王又不能觉悟,以致国土日削,国势日危。他自己呢,"信而见疑,忠而被谤",简直走投无路,满腔委屈,千端万绪的,没人可以诉说。终于只能告诉自己的一支笔,《离骚》便是这样写成的。"离骚"是"别愁"或"遭忧"的意思。他是个富于感情的人,那一腔遏抑不住的悲愤,随着他的笔奔迸出来,"东一句,西一句,天上一句,地下一句",只是一片一段的,没有篇章可言。这和人在疲倦或苦痛的时候,叫"妈呀!""天哪!"一样；心里乱极了，闷极了，叫叫透一口气，自然是顾不到什么组织的。

篇中陈说唐虞三代的治，桀、纣、羿、浇的乱，善恶因果，历历分明；用来讽刺当世，感悟君王。他又用了许多神话里的譬喻和动植物的譬喻，委曲地表达出他对于怀王的忠爱，对于贤人君子的向往，对于群小的深恶痛疾。他将怀王比作美人，他是"求之不得""辗转反侧"，情辞凄切，缠绵不已。他又将贤臣比作香草。"美人香草"从此便成为政治的譬喻，影响后来解诗、作诗的人很大。汉淮南王刘安作《离骚传》说："《国风》好色而不淫，《小雅》怨诽而不乱，若《离骚》者可谓兼之矣。""好色而不淫"似乎就指美人香草用作政治的譬喻而言，"怨诽而不乱"是怨而不怒的意思。虽然我们相信《国风》的男女之辞并非政治的譬喻，但断章取义，淮南王的话却是《离骚》的确切评语。

《九章》的各篇原是分立的，大约汉人才合在一起，给了"九章"的名字。这里面有些是屈原初次被放时作的，有些是二次被放时作的。差不多都是"上以讽谏，下以自慰"；引史事、用譬喻，也和《离骚》一样。《离骚》里记着屈原的世系和生辰，这几篇里也记着他放逐的时期和地域；这些都可以算是他的自叙传。他还作了《九歌》《天问》《远游》《招魂》等，却不能算自叙传，也"不皆是怨君"；后世都说成怨君，便埋没了他的别一面的出世观了。他其实也是一"子"，也是一家之学。这可以说是神仙家，出于巫。《离骚》里说到周游上下四方，驾车的动物，驱使的役夫，都是神话里的。《远游》更全是说的周游上下四方的乐处。这种游仙的境界，便是神仙家的理想。

《远游》开篇说，"悲时俗之迫阨兮，愿轻举而远游"，篇中又说，"留不死之旧乡"。人间世太狭窄了，也太短促了，人是太不自由自在了。神仙家要无穷大的空间，所以要周行无碍；要无穷久的时间，所以要长生不老。他们要打破现实的有限的世界，用幻想创出一个无限的世界来。在这无限的世界里，所有的都是神话里的人物；有些是美丽的，也有些是丑怪的。《九歌》里的神大都可爱；《招魂》里一半是上下四方的怪物，说得顶怕人的，可是一方面也奇诡可喜。因为注意空间的扩大，所以对于天地、山川、日月、星辰，在在都有兴味。《天问》里许多关于天文地理的疑问，便是这样来的。一面惊奇天地之广大，一面也惊奇人事之诡异——善恶因果，往往有不相应的；《天问》里许多关于历史的疑问，便从这里着眼。这却又是他的入世观了。

要达到游仙的境界，须要"虚静以恬愉""无为而自得"，还须导引养生的修炼功夫，这在《远游》里都说了。屈原受庄学的影响极大，这些都是庄学。周行无碍，长生不老，以及神话里的人物，也都是庄学。但庄学只到"我"与自然打成一片而止，并不想创造一个无限的世界，神仙家似乎比庄学更进了一步。神仙家也受阴阳家的影响,阴阳家原也讲天地广大,讲禽兽异物的。阴阳家是齐学。齐国滨海,多有怪诞的思想。屈原常常出使到那里,所以也沾了齐气。还有齐人好"隐"。"隐"是"遁词以隐意,谲譬以指事",是用一种滑稽的态度来讽谏。淳于髡可为代表。楚人也好"隐"。屈原是楚人,而他的思想又受齐国的影响,他爱用种种政治的譬喻,大约也不免沾点儿齐气。但是他不取滑稽的态度,他是用一副悲剧面孔说话的。《诗大序》所谓"谲谏",所谓"言之者无罪,闻之者足以戒",倒是合式的说明。至于像《招魂》里的铺张排比,也许是纵横家的风气。

《离骚》各篇多用"兮"字足句,句逗以参差不齐为主。"兮"字足句,"三百篇"中已经不少;句逗参差,也许是"南音"的发展。"南"本是南乐的名称,"三百篇"中的二《南》,本该与《风》《雅》《颂》分立为四。二《南》是楚诗,乐调虽已不能知道,但和《风》《雅》《颂》必有异处。从二《南》到《离骚》,现在只能看出句逗由短而长,由齐而畸的一个趋势;这中间变迁的轨迹,我们还能找到一些,总之,决不是突如其来的。这句逗的发展,大概有多少音乐的影响。从《汉书·王褒传》可以知道楚辞的诵读是有特别的调子的,这正是音乐的影响。屈原诸作奠定了这种体制,模拟的日见其多。就中最出色的是宋玉,他作了《九辩》。宋玉传说是屈原的弟子,《九辩》的题材和体制都模拟《离骚》和

《九章》，算是代屈原说话，不过没有屈原那样激切罢了。宋玉自己可也加上一些新思想，他是第一个描写"悲秋"的人。还有个景差，据说是《大招》的作者，《大招》是模拟《招魂》的。

到了汉代，模拟《离骚》的更多，东方朔、王褒、刘向、王逸都走着宋玉的路。大概武帝时候最盛，以后就渐渐地差了。汉人称这种体制为"辞"，又称为"楚辞"。刘向将这些东西编辑起来，成为《楚辞》一书。东汉王逸给作注，并加进自己的拟作，叫作《楚辞章句》。宋人洪兴祖又作《楚辞补注》。《章句》和《补注》合为《楚辞》标准的注本。但汉人又称《离骚》等为"赋"。《史记·屈原列传》说他"作《怀沙》之赋"，《怀沙》是《九章》之一，本无"赋"名。《传》尾又说："宋玉、唐勒、景差之徒者，皆好辞而以赋见称。"《汉书·艺文志·诗赋略》列"屈原赋二十五篇"，就是《离骚》等。大概"辞"是后来的名字，专指屈、宋一类作品；赋虽从辞出，却是先起的名字，在采用"辞"的名字以前，本包括"辞"而言。所以浑言称"赋"，称"辞赋"，分言称"辞"和"赋"。后世引述屈、宋诸家，只通称"楚辞"，没有单称"辞"的。但却有称"骚""骚体""骚赋"的，这自然是"离骚"的影响。

荀子的《赋篇》最早称"赋"。篇中分咏"礼""知""云""蚕""箴"（针）五件事物，像是谜语；其中颇有讽世的话，可以说是"隐"的支流余裔。荀子久居齐国的稷下，又在楚国做过县令，死在那里。他的好"隐"，也是自然的。《赋篇》总题分咏，自然和后来的赋不同，但是安排客主，问答成篇，却开了后来赋家的风气。荀赋和屈辞原来似乎各是各的，这两体的合一，也许是在贾谊手里。贾谊是荀卿的再传弟子，他的境遇却近于屈原，又久居屈原的故乡，很可能的，他模拟屈原的体制，却袭用了荀卿的"赋"的名字。这种赋日渐发展，屈原诸作也便被称为"赋"；"辞"的名字许是后来因为拟作多了，才分化出来，作为此体的专称的。"辞"本是"辩解的言语"的意思，用来称屈、宋诸家所作，倒也并无不合之处。

《汉书·艺文志·诗赋略》分赋为四类。"杂赋"十二家是总集，可以不论。屈原以下二十家，是言情之作。陆贾以下二十一家，已佚，大概近于纵横家言。就中"陆贾赋三篇"，在贾谊之先；但作品既不可见，是他自题为赋，还是后人追题，不能知道，只好存疑了。荀卿以下二十五家，大概是叙物明理之作。这三类里，贾谊以后各家，多少免不了屈原的影响，但已渐有散文化的趋势；第一类中的司马相如便是创始的人——托为屈原作的《卜居》《渔父》，通篇散文化，只有几处用韵，似乎是《庄子》和荀赋的混合体制，又当别论——散文化更容易铺张些。"赋"本是"铺"的意思，铺张倒是本来面目。可是铺张的作用原在讽谏；这时候却为铺张而铺张，所谓"劝百而讽一"。当时汉武帝好辞赋，作者极众，争相竞胜，所以致此。扬雄说："诗人之赋丽以则，辞人之赋丽以淫"；"诗人之赋"便是前者，"辞人之赋"便是后者。甚至有诙谐嫚戏，毫无主旨的。难怪辞赋家会被人鄙视为倡优了。

东汉以来，班固作《两都赋》，"概众人之所眩曜，折以今之法度"。张衡仿他作《二京赋》。晋左思又仿作《三都赋》。这种赋铺叙历史地理，近于后世的类书，是陆贾、荀卿两派的混合，是散文的更进一步。这和屈、贾言情之作却迥不相同了。此后赋体渐渐缩短，字句却整炼起来。那时期一般诗文都趋向排偶化，赋先是领着走，后来是跟着走；作赋专重写景述情，务求精巧，不再用来讽谏。这种赋发展到齐、梁、唐初为极盛，称为"俳体"的赋。"俳"是"游戏"的意思，对讽谏而言；其实这种作品倒也并非滑稽嫚戏之作。唐代古文运动起来，宋代加以发挥光大，诗文不再重排偶而趋向散文化，赋体也变了。像欧阳修的《秋声赋》，苏轼的前、后《赤壁赋》，虽然有韵而全篇散行，排偶极少，比《卜居》《渔父》更其散文的。这称为"文体"的赋。唐、宋两代，以诗赋取士，规定程式。那种赋定为八韵，调平仄，讲对仗；制题新巧，限韵险难。这只是一种技艺罢了。这称为"律赋"。对"律赋"而言，"俳体"和"文体"的赋都是"古赋"；这"古赋"的名字和"古文"的名字差不多，真正

"古"的如屈、宋的辞，汉人的赋，倒是不包括在内的。赋似乎是我国特有的体制，虽然有韵，而就它全部的发展看，却与文近些，不算是诗。

（本文选入时标题有改动）

诗原是应试的玩意儿，诗又是供给乐工歌妓唱了去伺候宫廷及贵人的玩意儿。

天下事物穷则变，变则通，诗也是如此。

经典常谈——诗

朱自清

汉武帝立乐府，采集代、赵、秦、楚的歌谣和乐谱；教李延年做协律都尉，负责整理那些歌辞和谱子，以备传习唱奏。当时乐府里养着各地的乐工好几百人，大约便是演奏这些乐歌的。歌谣采来以后，他们先审查一下。没有谱子的，便给制谱；有谱子的，也得看看合式不合式，不合式的地方，便给改动一些。这就是"协律"的工作。歌谣的"本辞"合乐时，有的保存原来的样子，有的删节，有的加进些复沓的甚至不相干的章句。"协律"以乐为主，只要合调；歌辞通不通，他们是不大在乎的。他们有时还在歌辞里夹进些泛声；"辞"写大字，"声"写小字。但流传久了，声辞混杂起来，后世便不容易看懂了。这种种乐歌，后来称为"乐府诗"，简称就叫"乐府"。北宋太原郭茂倩收集汉乐府以下历代合乐的和不合乐的歌谣，以及模拟之作，成为一书，题作《乐府诗集》；他所谓《乐府诗》，范围是很广的。就中汉乐府，沈约《宋书·乐志》特称为"古辞"。

汉乐府的声调和当时称为"雅乐"的"三百篇"不同，所采取的是新调子。这种新调子有两种："楚声"和"新声"。屈原的辞可为楚声的代表。汉高祖是楚人，喜欢楚声，楚声比雅乐好听。一般人不用说也是喜欢楚声的。楚声便成了风气。武帝时乐府所采的歌谣，楚以外虽然还有代、赵、秦各地的，但声调也许差不很多。那时却又输入了新声，新声出于西域和北狄的军歌。李延年多采取这种调子唱奏歌谣，从此大行，楚声便让压下去了。楚声的句调比较雅乐参差得多，新声的更比楚声参差得多。可是楚声里也有整齐的五言，楚调曲里各篇更全然如此，像著名的《白头吟》《梁甫吟》《怨歌行》都是的。这就是五言诗的源头。

汉乐府以叙事为主。所叙的社会故事和风俗最多，历史及游仙的故事也占一部分。此外便是男女相思和离别之作，格言式的教训，人生的慨叹，等等。这些都是一般人所喜欢的题材。用一般人所喜欢的调子，歌咏一般人所喜欢的题材，自然可以风靡一世。哀帝即位，却以为这些都是不正经的乐歌，他废了乐府，裁了多一半乐工——共四百四十一人——大概都是唱奏各地乐歌的。当时颇想恢复雅乐，但没人懂得，只好罢了。不过一般人还是爱好那些乐歌。这风气直到汉末不变。东汉时候，这些乐歌已经普遍化，文人仿作的渐多；就中也有仿作整齐的五言的，像班固的《咏史》。但这种五言的拟作极少，而班固那一首也未成熟，钟嵘在《诗品·序》里评为"质木无文"，是不错的。直到汉末，一般文体都走向整炼一路，试验这五言体的便多起来，而最高的成就是《文选》所录的《古诗十九首》。

旧传最早的五言诗，是《古诗十九首》和苏武、李陵诗；说"十九首"里有七首是枚乘作的，和苏、李诗都出现于汉武帝时代。但据近来的研究，这十九首古诗实在都是汉末的作品。苏、李诗虽题了苏、李的名字，却不合于他们的事迹；从风格上看，大约也和"十九首"出现在差不多的时候。这十九首古诗并非一人之作，也非一时之作，但都模拟言情的乐府。歌咏的多是相思离别，以及人生无常当及时行乐的意思；也有对于邪臣当道、贤人放逐、朋友富贵相忘、知音难得等事的慨叹。这些都算是普遍的题材，但后一类是所谓"失志"之作，自然兼受了《楚辞》的影响。钟嵘评古诗，"可谓几乎一字千金"，因为所咏的几乎是人人心中所要说的，却不是人人口中、笔下所能说的，而又能够那样平平说出，曲曲说出，所以是好。"十九首"只像对朋友说家常话，并不在字面上用功夫，而自然达意，委婉尽情，合于所谓"温柔敦厚"的诗教。到唐为止，这是五言诗的标准。

汉献帝建安年间（一九六至二二〇），文学极盛，曹操和他的儿子曹丕、曹植两兄弟是文坛的主持人，而曹植更是个大诗家。这时乐府声调已多失传，他们却用乐府旧题，改作新词，曹丕、曹植兄弟尤其努力在五言体上。他们一班人也作独立的五言诗。叙游宴，述恩荣，开后来应酬一派。但只求明白诚恳，还是歌谣本色。就中曹植在曹丕做了皇帝之后，颇受猜忌，忧患的情感，时时流露在他的作品里。诗中有了"我"，所以独成大家。这时候五言作者既多，开始有了工拙的评论：曹丕说刘桢"五言诗之善者，妙绝时人"，便是例子。但真正奠定了五言诗的基础的是魏代的阮籍，他是第一个用全力作五言诗的人。

阮籍是老、庄和屈原的信徒。他生在魏晋交替的时代，眼见司马氏三代专权，欺负曹家，压迫名士，一肚皮牢骚只得发泄在酒和诗里。他作了《咏怀诗》八十多首，述神话，引史事，叙艳情，托于鸟兽草木之名，主旨不外说富贵不能常保，祸患随时可至，年岁有限，一般人钻在利禄的圈子里，不知放怀远大，真是可怜之极。他的诗充满了这种悲悯的情感，"忧思独伤心"一句可以表见。这里《楚辞》的影响很大，钟嵘说他"源出于《小雅》"，似乎是皮相之谈。本来五言诗自始就脱不了《楚辞》的影响，不过他尤其如此。他还没有用心琢句，但语既浑括，譬喻又多，旨趣更往往难详。这许是当时的不得已，却因此增加了五言诗文人化的程度。他是这样扩大了诗的范围，正式成立了抒情的五言诗。

晋代诗渐渐排偶化、典故化。就中左思的《咏史》诗，郭璞的《游仙诗》，也取法《楚辞》，借古人及神仙抒写自己的怀抱，为后世所宗。郭璞是东晋初的人。跟着就流行了一派玄言诗。孙绰、许询是领袖。他们作诗，只是融化老、庄的文句，抽象说理，所以钟嵘说像"道德论"。这种诗千篇一律，没有"我"；《兰亭集诗》各人所作四言、五言各一首，都是一个味儿，正是好例。但在这种影响下，却孕育了陶渊明和谢灵运两个大诗人。

陶渊明，浔阳柴桑（今江西九江）人，做了几回小官，觉得做官不自由，终于回到田园，躬耕自活。他也是老、庄的信徒，从躬耕里领略到自然的恬美和人生的道理。他是第一个将田园生活描写在诗里的人。他的躬耕免祸的哲学也许不是新的，可都是他从实际生活里体验得来的，与口头的玄理不同，所以亲切有味。诗也不妨说理，但须有理趣，他的诗能够做到这一步。他作诗也只求明白诚恳，不排不典；他的诗是散文化的。这违反了当时的趋势，所以《诗品》只将他放在中品里。但他后来却成了千古"隐逸诗人之宗"。

谢灵运，宋时做到临川太守。他是有政治野心的，可是不得志。他不但是老、庄的信徒，也是佛的信徒。他最爱游山玩水，常常领了一群人到处探奇访胜；他的自然的哲学和出世的哲学教他沉溺在山水的清幽里。他是第一个在诗里用全力刻画山水的人，他也可以说是第一个用全力雕琢字句的人。他用排偶、用典故，却能创造新鲜的句子，不过描写有时不免太繁重罢了。他在赏玩山水的时候，也常悟到一些隐遁的超旷的人生哲理；但写到诗里，不能和那精巧的描写打成一片，像硬装进去似的。这便不如陶渊明的理趣足，但比那些"道德论"自然高妙得多。陶诗教给人怎样赏味田园，谢诗教给人怎样赏味山水，他们都是发现自然的诗人。陶是写意，谢是工笔。谢诗从制题到造句，无一不是工笔。他开了后世诗人着意描写的路子，他所以成为大家，一半也在这里。

齐武帝永明年间（四八三至四九三），"声律说"大盛。四声的分别，平仄的性质，双声叠韵的作用，都有人指出，让诗文作家注意。从前只着重句末的韵，这时更着重句中的"和"；"和"就是念起来顺口，听起来顺耳。从此诗文都力求谐调，远于语言的自然。这时的诗，一面讲究用典，一面讲究声律，不免侧重技巧的毛病。到了梁简文帝，又加新变，专咏艳情，称为"宫体"，诗的境界更狭窄了。这种形式与题材的新变，一直影响到唐初的诗。这时候七言的乐歌渐渐发展。汉、魏文士仿作乐府，已经有七言的，但只零星偶见，后来舞曲里常有七言之作。到了宋代，鲍照有《行路难》十八首，人生的感慨颇多，和舞曲描写声容的不一样，影响唐代的李白、杜甫很大。但是梁以来七言的发展，却还跟着舞曲的路子，不跟着鲍照的路子。这些都是宫体的谐调。

唐代谐调发展，成立了律诗绝句，称为近体；不是谐调的诗，称为古体；又成立了古、近体的七言诗；古体的五言诗也变了格调，这些都是划时代的。初唐时候，大体上还继续着南朝的风气，辗转在艳情的圈子里。但是就在这时候，沈佺期、宋之问奠定了律诗的体制。南朝论声律，只就一联两句说；沈、宋却能看出谐调有四种句式。两联四句才是谐调的单位，可以称为周期。这单位后来写成"仄仄平平仄；平平仄仄平；平平平仄仄；仄仄仄平平"的谱。沈、宋在一首诗里用两个周期，就是重叠一次；这样，声调便谐和富厚，又不致单调。这就是八句的律诗。律有"声律""法律"两义。律诗体制短小，组织必须经济，才能发挥它的效力，"法律"便是这个意思。但沈、宋的成就只在声律上，"法律"上的进展，还等待后来的作家。

宫体诗渐渐有人觉得腻味了，陈子昂、李白等说这种诗颓靡浅薄，没有价值。他们不但否定了当时古体诗的题材，也否定了那些诗的形式。他们的五言古体，模拟阮籍的《咏怀》，但是失败了。一般作家却只大量地仿作七言的乐府歌行，带着多少的排偶与谐调——当时往往就这种歌行里截取谐调的四句入乐奏唱——可是李白更撇开了排偶和谐调，作他的七言乐府。李白，蜀人，明皇时做供奉翰林，触犯了杨贵妃，不能得志。他是个放流不羁的人，便辞了职，游山水，喝酒，作诗。他的乐府很多，取材很广，他是借着乐府旧题来抒写自己生活的。他的生活态度是出世的，他作诗也全任自然。人家称他为"天上谪仙人"，这说明了他的人和他的诗。他的歌行增进了七言诗的价值，但他的绝句更代表着新制。绝句是五言或七言的四句，大多数是谐调。南北朝民歌中，五言四句的谐调最多，影响了唐人；南朝乐府里也有七言四句的，但不太多。李白和别的诗家纷纷制作，大约因为当时输入的西域乐调宜于这体制，作来可供宫廷及贵人家奏唱。绝句最短小，贵含蓄，忌说尽，李白所作，自然而不觉费力，并且暗示着超远的境界，他给这新体诗立下了一个标准。

但是真正继往开来的诗人是杜甫。他是河南巩县人。安禄山陷长安，肃宗在灵武即位，他从长安逃到灵武，做了"左拾遗"的官，因为谏救房琯，被放了出去。那时很乱，又是荒年，他辗转流落到成都，依靠故人严武，做到"检校工部员外郎"，所以后来称为杜工部。他在蜀中住了很久。严武死后，他避难到湖南，就死在那里。他是儒家的信徒；"致君尧舜上，再使风俗淳"是他的素志；又身经乱离，亲见了民间疾苦。他的诗努力描写当时的情形，发抒自己的感想。唐代以诗取士，诗原是应试的玩意儿，诗又是供给乐工歌妓唱了去伺候宫廷及贵人的玩意儿。李白用来抒写自己的生活，杜甫用来抒写那个大时代，诗的领域扩大了，价值也增高了。而杜甫写"民间的实在痛苦，社会的实在问题，国家的实在状况，人生的实在希望与恐惧"，更给诗开辟了新世界。

他不大仿作乐府，可是他描写社会生活正是乐府的精神，他的写实的态度也是从乐府来的。他常在诗里发议论，并且引证经史百家；但这些议论和典故都是通过了他的满腔热情奔迸出来的，所以还是诗。他这样将诗历史化和散文化，他这样给诗创造了新语言。古体的七言诗到他手里正式成立，古体的五言诗到他手里变了格调。从此"温柔敦厚"之外，又开了"沉着痛快"一派。五言律诗，王维、孟浩然已经不用来写艳情而用来写山水，杜甫却更用来表现广大的实在的人生。他的七言律诗，也是如此。他作律诗很用心在组织上。他的五言律诗最多，差不多穷尽了这体制的变化。他的绝句直述胸怀，嫌没有余味；但那些描写片段的生活印象的，却也不缺少暗示的力量。他也能欣赏自然，晚年所作，颇有清新的刻画的句子。他又是个有谐趣的人，他的诗往往透着滑稽的风味。但这种滑稽的风味和他的严肃的态度调和得那样恰到好处，一点儿也不至于减损他和他的诗的身份。

杜甫的影响直贯到两宋时代，没有一个诗人不直接间接学他的，没有一个诗人不发扬光大他的。古文家韩愈，跟着他将诗进一步散文化，而又造奇喻，押险韵，铺张描写，像汉赋似的。他的诗逞才使气，不怕说尽，是"沉着痛快"的诗。后来有元稹、白居易二人在政治上都升沉了一番，他们却继承杜甫写实的表现人生的态度。他们开始将这种态度理论化，主张诗要"上以补察时政，下以泄导人情"，"嘲风雪，弄花草"是没有意义的。他们反对雕琢字句，主张诚实自然。他们将自己的诗分为"讽谕"的和"非讽谕"的两类。他们的诗却容易懂，又能道出人人心中的话，所以雅俗共赏，一时风行。当时最流传的是他们新创的谐调的七言叙事诗，所谓"长庆体"的，还有社会问题诗。

晚唐诗向来推李商隐、杜牧为大家。李一生辗转在党争的影响中。他和温庭筠并称，他们的诗又走回艳情一路。他们集中力量在律诗上，用典精巧，对偶整齐。但李学杜、韩，器局较大，他的艳情诗有些实在是政治的譬喻，实在是感时伤事之作，所以地位在温之上。杜牧做了些小官儿，放荡不羁，而很负盛名，人家称为小杜——老杜是杜甫。他的诗词采华艳，却富有纵横气，又和温、李不同，然而都可以归为绮丽一派。这时候别的诗家也集中力量在律诗上。一些人专学张籍、贾岛的五言律，这两家都重苦吟，总琢磨着将平常的题材写得出奇，所以思深语精，别出蹊径。但是这种诗写景有时不免琐屑，写情有时不免偏僻，便觉不大方。这是僻涩一派。另一派出于元、白，作诗如说话，嬉笑怒骂，兼而有之，又时时杂用俗语，这是粗豪一派。这些其实都是杜甫的鳞爪，也都是宋诗的先驱；绮丽一派只影响宋初的诗，僻涩、粗豪两派却影响了宋一代的诗。

宋初的诗专学李商隐，末流只知道典故对偶，真成了诗玩意儿。王禹偁独学杜甫，开了新风气。欧阳修、梅尧臣接着发现了韩愈，起始了宋诗的散文化。欧阳修曾遭贬谪，他是古文家。梅尧臣一生不得志。欧诗虽学韩，却平易疏畅，没有奇险的地方。梅诗幽深淡远，欧评他"譬如妖韶女，老自有余态""初如食橄榄，真味久愈在"。宋诗散文化，到苏轼而极。他是眉州眉山（今四川眉山）人。因为攻击王安石的新法，一辈子升沉在党争中。他将禅理大量地放进诗里，开了一个新境界。他的诗气象宏阔，铺叙婉转，又长于譬喻，真到用笔如舌的地步，但不免"掉书袋"的毛病。他门下出了一个黄庭坚，是第一个有意地讲究诗的技巧的人。他是洪州分宁（今江西修水）人，也因党争的影响，屡遭贬谪，终于死在贬所。他作诗着重锻炼，着重句律，句律就是篇章字句的组织与变化。他开了江西诗派。

刘克庄《江西诗派小序》说他"会萃百家句律之长，究极历代体制之变，搜猎奇书，穿穴异闻，作为古律，自成一家，虽只字半句不轻出"。他不但讲究句律，并且讲究运用经史以至奇书异闻，来增富他的诗。这些都是杜甫传统的发扬光大。王安石已经提倡杜诗，但到黄庭坚，这风气才昌盛。黄还是继续将诗散文化，但组织得更经济些；他还是在创造那阔大的气象，但要使它更富厚些。他所求的是新变。他研究历代诗的利病，将作诗的规矩得失，指示给后学，教他们知道路子，自己去创造，展到变化不测的地步。所以能够独开一派。他不但创新，还主张点化陈腐以为新；创新需要大才，点化陈腐，中才都可勉力作去。他不但能够"以故为新"，并且能够"以俗为雅"。其实宋诗都可以说是如此，不过他开始有意地运用这两个原则罢了。他的成就尤其在七言律上，组织固然更精密，音调也谐中有拗，使每个字都斩绝地站在纸面上，不至于随口滑过去。

南宋的三大诗家都是从江西派变化出来的。杨万里为人有气节，他的诗常常变格调。写景最工，新鲜活泼的譬喻，层见叠出，而且不碎不僻，能从大处下手。写人的情意，也能铺叙纤悉，曲尽其妙，所谓"笔端有口，句中有眼"。他作诗只是自然流出，可是一句一转，一转一意；所以只觉得熟，不觉得滑。不过就全诗而论，范围究竟狭窄些。范成大是个达官。他是个自然诗人，清新中兼有拗峭。陆游是个爱君爱国的诗人。吴之振《宋诗钞》说他学杜而能得杜的心。他的诗有两种：一种是感激豪宕，沈郁深婉之作；一种是流连光景，清新刻露之作。他作诗也重真率，轻"藻绘"，所谓"文章本天成，妙手偶得之"。他活到八十五岁，诗有万首，最熟于诗律，七言律尤为擅长。宋人的七言律实在比唐人进步。

向来论诗的对于唐以前的五言古诗，大概推尊，以为是诗的正宗；唐以后的五言古诗，却说是变格，价值差些，可还是诗。诗以"吟咏情性"，该是"温柔敦厚"的，按这个界说，齐、梁、陈、隋的五言古诗其实也不够格，因为题材太小，声调太软，算不得"敦厚"。七言歌行及近体成立于唐代，却只能以唐代为正宗。宋诗议论多，又一味刻画，多用俗语，拗折声调。他们说这只是押韵的文，不是诗。但是推尊宋诗的却以为天下事物穷则变，变则通，诗也是如此。变是创新，是增扩，也就是进步。若不容许变，那就只有模拟，甚至只有抄袭；那种"优孟衣冠"，甚至土偶木人，又有什么意义可言！即如模拟所谓盛唐诗的，末流往往只剩了空廓的架格和浮滑的声调；要是再不变，诗道岂不真穷了？所以诗的界说应该随时扩展；"吟咏情性""温柔敦厚"诸语，也当因历代的诗辞而调整原语的意义。诗毕竟是诗，无论如何扩展与调整，总不会与文混合为一的。诗体正变说起于宋代，唐、宋分界说起于明代；其实历代诗各有胜场也各有短处，只要知道新、变，便是进步，这些争论是都不成问题的。

（本文选入时标题有改动）

Part 5

大师学习语文的历程

语文教育的唯一宗旨,
在于为年轻的生命提供明丽而充沛的阳光,
使学生把人文的阳光溶化为自我的肌肉和血脉。
——皋玉蒂

至今已到垂暮之年，仍然是积习难除，锲而不舍。这同董先生的影响是绝对分不开的。我对董先生的知己之感，将伴我终生了。

我的老师董秋芳先生

季羡林

难道人到了晚年就只剩下回忆了吗?我不甘心承认这个事实,但又不能不承认。我现在就是回忆多于前瞻。过去六七十年不大容易想到的师友,现在却频来入梦。

其中我想得最多的是董秋芳先生。

董先生是我在济南高中时的国文教员,笔名冬芬。在课堂上,他出作文题目很特别,往往只在黑板上大书"随便写来"四个字,意思自然是,我们愿意写什么,就写什么;愿意怎样写,就怎样写,丝毫不受约束,有绝对的写作自由。

我就利用这个自由写了一些自己愿意写的东西。我从小学经过初中到高中前半,写的都是文言文,现在一旦改变,并没有感到有什么不适应。原因是我看了大量的白话旧小说,对"五四"以来的新文学作品,鲁迅、胡适、周作人、郭沫若、郁达夫、茅盾、巴金等人的小说和散文几乎读遍了,自己动手写白话文，颇为得心应手，仿佛从来就写白话文似的。

在阅读的过程中，潜移默化，在无意识中形成了自己对写文章的一套看法。这套看法的最初根源似乎是来自旧文学，从《庄子》《孟子》《史记》，中间经过唐宋八大家，一直到明末的公安派和竟陵派，清代的桐城派，都给了我不同程度、不同方式的灵感。这些大家时代不同，风格迥异，但是却有不少共同之处。根据我的归纳，可以归为三点：第一，感情必须充沛真挚；第二，遣词造句必须简练、优美、生动；第三，整篇布局必须紧凑、浑成。三者缺一，就不是一篇好文章。文章的开头与结尾，更是至关重要。后来读了一些英国名家的散文，我也发现了同样的规律。我有时甚至想到，写文章应当像谱乐曲一样，有一个主旋律，辅之以一些小的旋律，前后照应，左右辅助，要在纷纭变化中有统一，在统一中有错综复杂，关键在于有节奏。总之，写文章必须惨淡经营。自古以来，确有一些文章如行云流水，仿佛是信手拈来，毫无斧凿痕迹。但是那是长期惨淡经营终入化境的结果，如果一开始就行云流水，必然走入魔道。

我这些想法形成于不知不觉之中，自己并没有清醒的意识。它也流露于不知不觉之中，自己也没有清醒的意识。有一次，在董先生的作文课堂上，我在"随便写来"的启迪下，写了一篇记述我回故乡的作文。感情真挚，自不待言。在谋篇布局方面却没有意识到有什么特殊之处。作文本发下来了，却使我大吃一惊，董先生在作文本每一页上面的空白处都写了一些批注，不少地方有这样的话："一处节奏""又一处节奏"，等等。我真是如拨云雾见青天："这真是我写的作文吗？"这真是我的作文，不容否认。"我为什么没有感到有什么节奏呢？"这也是事实，不容否认。我的苦心孤诣连自己都没有意识到的，却为董先生和盘托出。知己之感，油然而生。这决定了我一生的活动。从那以后，六十年来，我从事研究的是一些稀奇古怪的东西，与文章写作风马牛不相及。但是感情一受到剧烈的震动，所谓"心血来潮"，则立即拿起笔来，写点什么。至今已到垂暮之年，仍然是积习难除，锲而不舍。这同董先生的影响是绝对分不开的。我对董先生的知己之感，将伴我终生了。

高中毕业以后，到北京来念了四年大学，又回到母校济南高中教了一年国文，然后在欧洲待了将近十一年，一九四六年才回到祖国。在这长达二十多年的时间内，我一直没有同董秋芳老师通过信，也完全不知道他的情况。五十年代初，在民盟的一次会议上，完全出乎我意料之外，我竟见到了董先生，看那样子，他已垂垂老矣。我激动得说不出话来，他也非常激动。但是我平生有一个弱点：不善于表露自己的感情。董先生看来也是如此。我们每个人心里都揣着一把火，表面上却颇淡漠，大有君子之交淡如水之概了。

我生平还有一个弱点，我曾多次提到过，这就是，我不喜欢拜访人。这两个弱点加在一起，就产生了致命的后果：我同我平生感激最深、敬意最大的老师的关系，看上去有点若即若离了。

不记得是什么时候了，董先生退休了，离开北京回到了老家绍兴。这时候大概我是自顾不暇，没有余裕来想到董先生了。

又过一些时候，听说董先生已经作古。乍听之下，心里震动得非常剧烈。一霎时，心中几十年的回忆、内疚、苦痛，蓦地抖动起来，我深自怨艾，痛悔不已。然而已经发生过的事情是无法挽回的。看来我只能抱恨终天了。

我虽然研究佛教，但是从来不相信什么生死轮回，再世转生。可是我现在真想相信一下。我自己屈指计算了一下，我这一辈子基本上是一个善人，坏事干过一点，但并不影响我的功德。下一生，我不敢，也不奢望转生为天老爷，但我定能托生为人，不至走入畜生道。董先生当然能转生为人，这不在话下。等我们两个隔世相遇的时候，我相信，我的两个弱点经过地狱的磨炼已经克服得相当彻底，我一定能向他表露我的感情，一定常去拜访他，做一个程门立雪的好弟子。

然而，这一些都是可能的吗？这不是幻想又是什么呢？"他生未卜此生休"。我怅望青天，眼睛里溢满了泪水。

（本文选入时有删减）

我们的一生里会读无数的书。但让我们难忘的其实不多。这不多的书最有可能是在上小学上中学时读的。而且往往不是语文里的课文。它们是什么书,对每个人来说不会一样。它们给予我们的东西,有一些则可能永远是个秘密。

语文课外的书

洪子诚

上初小的时候,我并不爱学习,经常逃学。虽然也翻了一点儿杂书,但语文课(那时应该叫国文)没有留给我什么印象。用的是什么教材,有哪些课文,是哪位老师讲课,现在一点儿都记不起来。只记得那时经常和同学到河里游泳,河很深,我游泳的本领很不行,却居然敢往远处去冒险。再就是偷烟摊上的香烟。我不敢去偷,但偷到了我会跟着抽。还有是跑到断垣残壁间找蜗牛壳,然后比赛谁的坚硬。这样,我上课常背不出书来,经常挨老师打掌心。期末考试,好几门不及格。

家长对我这样胡作非为十分恼怒。终于把我转到另一所学校。这所学校是教会办的,冠以"真理"的校名(解放后,这个校名被取消了,但在二十世纪八十年代后期却又恢复)。听说,我从此变了一个人,变得"老实"了,循规蹈矩了,一副

"好学生"的模样,成绩也"突飞猛进"起来。对这些"改邪归正"的转变,我倒是没有一点儿记忆;这些,都是家里人后来告诉我的。他们讲起这件事,总说是神听了他们的祷告,才有这样的"奇迹"发生。

不过,事情总是有利也有弊。从此,我好像换了一种性格,变得不怎么爱活动,不喜欢热闹。与人交往就心存害怕。开口说话总不怎么利索。特别是对于内心的东西,从本能上就不愿意,也畏惧讲出来。要不是有这样的改变,我现在肯定不会在学校教书,做什么"学问"。我会选择去当兵,去野外考察,去做生意什么的。总之,上初中以后,我生活的圈子越来越小。在这种情况下,乱翻书成了我打发时间的最主要的事情。我觉得书本为我提供了另一个世界。这个世界,比起我见到的,每日所过的日子来,要有趣得多。我在生活中不能实现的事,多少总能在书里得到弥补。

因为这样的缘故,在我开始认真学习时,我便很自然地喜欢语文课。不过,教材里的课文,老师对这些课文的讲解,依然没有留给我深刻的印象。选入的肯定有许多名篇佳作,但二十世纪五十年代的语文课已变得有些枯燥。上课时总是千篇一律地划分段落,归纳段落大意,背诵一字都不让改动的"中心思想",总结出几条"写作技巧"。久而久之,就很厌烦。但语文老师是好老师。除了这些例行的课程安排外,常常会向我们谈到一些作家、诗人的事迹,介绍我们不知道的书籍。高兴起来，便朗朗地读起课本之外的诗文。也举办文学讲座，组织"文学社"讨论作品。也要我们写诗和散文。有一次，我花了一个多星期的时间，写了一篇抒情散文，总有六七千字吧。里面用了许多抒情排比句，来歌颂北自黑龙江、南到海南岛的祖国新貌。我很得意，在文学社讨论时，紧张地等待赞赏；还提醒自己，不要太"喜形于色"。想不到的是老师言辞冷峻的批评："空泛，夸张，还是写你有体会的东西吧。"我想我当时的表情一定凝固了。后来甚至心存怨恨。但从此，我对夸张、空泛，总是十分警惕。这个告诫，是我当时未能真正领会的财富。

虽然喜欢乱翻书，但我们那个地方，书并不好找。读高小是二十世纪四十年代后期，新中国还未成立。我住在南方的一个县城里，当时大概有几万人口。每天上下学，沿着两边有"骑楼"的街道，会走过饭铺、杂货铺、药店的门口，也常常在青果行、米行、竹器行外面停下来观望：对新上市的香蕉、洋桃垂涎欲滴，或者愣愣地看怎样用竹篾做斗笠、箩筐。但是，记忆里这个县城并无专门的书店，也没有公共图书馆。虽然韩愈当刺史的潮州离我们那里不远，而县城中心就有据说是建于宋代、供奉着"大成至圣先师"牌位的"学宫"。县里只有三几家也兼售不多书籍的文具店。当然，也有藏书颇丰的人家，这是我后来才知道的事情。我的家不是"书香门第"，父亲是个学徒出身的医生。家里有一些医书，一些基督教的书籍，上海广学会发行的刊物。那时，能得到一本喜爱的书，在生活里是一件重大的事情。

二十世纪五十年代上中学以后，读书的条件有了改善。县里开办了文化馆，我就读学校的图书馆的藏书也慢慢多起来。我的一个同学，家里有不少三四十年代开明书店、良友图书公司、生活书店、文化生活出版社出版的新文学书籍。能读到好书的可能性大大增加。尽管如此，对于书籍仍产生近于"神圣"的感觉，这种感觉保留了很长的时间。当我从语文老师那里借到几本20世纪20年代的《小说月报》时，当我终于有零花钱可以订阅《文艺报》《文艺学习》杂志时，我清楚地记得那种"幸福感"。这是现在得到书籍如此容易的时代所无法想象的。小时候，语文课外的书中，我读得最多的，其实不是最容易得到的武侠和言情小说。我的邻居就有许多这样的小说，但我并不喜欢。现在找起原因来，大概是我太缺乏想象力，对飞檐走壁、腾云驾雾总不能神会。这使我现在对武侠这类小说，仍是不感兴趣。这好像是我的一大"损失"，不能有生活中我不熟悉的另一种乐趣。

新中国成立后，我爱看的书有了改变。我读了大量"五四"的新文学作品，也读了许多外国的，特别是苏联、俄国的诗和小说。鲁迅的《呐喊》《彷徨》和杂文自不必说，却不能理解他的《野草》和《故事新编》。读曹禺的《北京人》（也看县教师剧团的演出），说来惭愧，最喜欢的人物，竟是相当概念化的人类学家袁任敢和他的女儿。初中有一个时期沉迷于巴金二十世纪三十年代的小说，但持续时间很短暂。我在笔记本上抄录普希金的诗，读他的《驿站长》，读屠格涅夫的《猎人笔记》、契诃夫的短篇、普里希文的散文，也读《远离莫斯科的地方》《日日夜夜》《青年近卫军》《红与黑》，《包法利夫人》也是这个时期读的，却不能让我很投入。我上中学的这个时期，被看作是中国现代史的"转折"的时期。寻求、确立社会理想和价值观，是那时的"时代主题"。当时，引起我兴趣、能产生"共鸣"的书，好像都和这一"主题"有关。"浪漫"是年轻人的"专利"，他们也和"革命"有一种天然的呼应。这些有关革命的书籍，《钢铁是怎样炼成的》是对我影响很大的一本。尽管它现在已不会有很多读者，文学史对它也不会有高的评价。也有的学者认为它是不值一提的"惑人货"。但我永远不为曾经喜爱过它而羞愧。从上中学到二十世纪八十年代，我一共读过三次。当然，每次读的时候，都有很不相同的体验。总的来说，当初那种对理想世界的期待和向往，那种激情，逐渐被一种失落、苦涩的情绪所代替。记得在"文革"两派武斗激烈的日子里，窗外高音喇叭播放着激昂的口号，我却在为保尔和丽达的无望的爱情伤心。

　　我们的一生里会读无数的书。但让我们难忘的其实不多。这不多的书最有可能是在上小学上中学时读的。而且往往不是语文里的课文。它们是什么书,对每个人来说不会一样。它们给予我们的东西,有一些则可能永远是个秘密。或者意识不到;或者意识到了,却不愿讲出来。

(本文选入时有删减)

语文水平可以说是衡量一个人的"第一标准"。语文教材、教学的重要性不待烦言而自明。今日我想谈谈自己的一些感受、感想。

语文第一课

周汝昌

语文水平可以说是衡量一个人的"第一标准"。语文教材、教学的重要性不待烦言而自明。今日我想谈谈自己的一些感受、感想。

我到一九五四年才离开学校,这包括从小当学生和后来做教师而言。若自一九一八年我降生人世算起,已有三十六年之久,这么多年没有离开对语文的学习、研究和讲授。在各级学校中所读、所学的课程,可谓五花八门、种种名色;但若问我最喜爱哪一门功课,我将毫不迟疑地敬答两个字:语文。

一提"语文",思绪就纷纷然,不易一下子理清、讲明了——这是何意?是因为由"语文"而引生的"问题"就太多了。

我刚上小学时,没有"语文"这名目,这是现今的词语,那时叫作"国文"——好像一度又改称"国语"。

为什么弃"国"字而不用？大约是受外来文化的影响，以为应当"国际化"吧？但我因从小对它产生了感情的缘故，至今喜欢这么说，意思是：我们中华民族的文字文章。这有什么不好？今日的体育界不是还有"国脚""国手"吗？"国"岂能置而不论？

且说我一入小学，读的就是"国文"。那时还没有统一规定的课本，上海著名的大书局，都自编自印"教材"，学校有采用选择权。记得我受益最多的是世界书局的课本。我出生时，已是"五四运动"的年代了——所以不能把我看成"古旧派"时代的人物。"白话"逐步占了上风，可是要被"打倒"的"文言"还残存一部分地位。我们这一辈人，身上注定了要带着这种奇特的"文化矛盾"而生存，而成长——而为这种"矛盾""麻烦"播弄得十分烦恼苦闷，这话年轻一代人就不大容易理解体会了，也非三言两语所能向他们"说明白"的小事一段。

我父亲是清朝光绪年间末科（最后一次科考）的秀才，熟悉的是四书五经，不懂新鲜的"白话文"，但对我们的新式教育却不加干涉，很"民主"。等我长到九岁（虚岁），他就让我上学了（此前是学认"字号"，即方块纸印好的"看图识字"）。一入学，第一课的"课文"是："人""刀""尺"三个大字。这"教材"有"意义"吗？你可以"破译"，说：从小开始自知为"人"，人为万物之灵嘛！人能使刀，会制工具呀——切菜剁肉，自卫杀敌……又会用尺，能计量了，就一步步走近科学了……这只能是玩笑。不管怎么"研究"，那"人、刀、尺"除了是"笔画最少"，实在太没意思了。小孩子的感受是：人、刀、尺、马、牛、羊……这还不如在家里认"字号"有趣呢！——有"批评"的声音潜在于幼小的心中。

大约第二阶段的课文是"大公鸡，喔喔啼"一类了。这进步倒有"文理""句意"可寻了，有的还多少带点"文学性"，学起来较为高兴些，但心里也有疑问：从小听母亲、妈妈（保姆）讲故事，大公鸡也时常出场，无一例外地是"咕咕根儿——大天亮！"那声音离"喔喔"很远，我也没听公鸡这么叫过。老师（那时概称先生）还教给读音：喔念"窝"，不念"屋"（其实这只是入声字在北方语音里的"分化"）。反正我们家乡的鸡不会"喔喔"地"打鸣儿"（从来也不说"鸡啼"！）——心中有许多想不通。

要我回忆小学的语文教学情况，只限于此——这并非只因年代久远记忆消失之故，真正的原因是这种课本教材，不大懂得学童的智能发展特点和语文本能的发展要求都是怎么样的，只从成人的"想当然"而把这一最重要的奠基教育看得那么简单乏味——所以那段课堂教学没有给我留下任何值得说起的印象。不客气地说：那是一种失败的做法。比如，就拿"计算笔画"这一简单思想来说，专家们似乎不曾意识到：小孩子对待汉字的学习兴趣与掌握程度，一点儿也不取决于一个简单的笔画"多"的字。实际上，他们对"人、刀、尺"的兴趣远远不如那些笔画"多"的字，而且学写的速度与优劣也与笔画之数目成"正比例"。事实上，笔画越少的汉字越难写好，时常很"难看"。"高""喜"……总比"刀""尺"写来有趣又爱学爱看。

记得一入高小，换用了世界书局的国文课本，效果立显不同了。这儿所选的历代短篇名作，都是"文言"的了，从《苛政猛于虎》到《岳阳楼记》，从《秋声赋》到《病梅馆记》……还有《祭妹文》……体制风格，文采情操，极为丰富美好，没有单一感（千篇一律的文风气味、语式口吻……），没有说教性，篇篇打动心弦，引人入胜。学童们一拿起这种新课本，面有惊奇色，也有喜色。他们并没有喊"这可太难了"，也绝没有"奈何"之叹，更不见愁眉苦脸之态。这是令人作深长思的。

很奇怪：从小学读的"白话文"，到今一字"背"不出；而那些"文言"名篇杰作，总难忘却——至少还能背出其中的若干警句。这或许是我自己的"天性"和"偏好"吧？我不敢妄断。此疑留待专家解说。

以上是幼小时做学童的感受和思绪，略述如此。以下不妨从当教师的立足境再来说讲几句。从燕京大学中文系研究院（当时名称）做研究生时就充当过西语系翻译课"特邀教员"；本科西语系毕业论文是英译晋代陆机的《文赋》，研究院毕业论文是宋词曲中的特用词语之研究解释;到华西、四川两大学教翻译课,也没离开"语文"二字。我是一个语文迷——汉字迷。我的教学效果不错,很受学生欢迎。揆其缘由,最重要的有两条:一是须对语文有较好的根底(本字作"柢")和较广、较富的各体语文知识,尤其是对汉字的深透的理解、运用(音、义、词字组联的通例规律与特例、奇例……),要揭示给选词铸句的识解(辨别力)与功夫。学生们特别欢迎我可以就一个字一个词举列出古今人的例句,比较品评,分析鉴赏……这样既有趣味,又使同学大开眼界与"脑界"。他们从未见过如此教学法,十分兴奋,积极性高涨,进步大大提速。

第二我的"口号"是:教学不是一门职业职务,也不是办事办公。教学是一门"艺术"。

教学是"艺术"吗?是的。要"会"教,而不是什么"表演"。是会了解学生,是尊重他们;不是"教训""灌输"什么教条和现成的死知识——是用各种适宜有效的方式来调动学生的求知欲、学习主动性,提高接受力。这样,语文课就不再"没意思"了。

在我心中,总以为我们的教学要把语文放在首位,切勿误把此事视为"非当务之急"。因为这是素质教育的大本。一个语文不通或拙劣的人,他能在工作和事业中做得优秀良好,有所成就——我很难相信。

我自从一九五四年离开教育岗位,对目下有关情况早不了解，只听到有些人士说及问题不小，常见报道称言应不断提高改进……但毕竟弄不清事情的症结何在以及是否改进了。师资是个大关键，教学方法要研究改善。教学制度、容量不宜束缚名师的特长。教育部应特别高度重视语文教学的现状与前景。语文的"单细胞"是汉字。汉字要规范化是一个方面，另一方面是现行简化字方案试行已达四五十年之久，它基本正当良好，但历史条件所限而存在的缺点也并非无有，故宜进行一次征求文化教育界人士民主性调查，听取他们的意见，加以个别性的修正改善。到高小阶段，应逐步让学生接触若干传统的汉字，即所谓"繁体"。至晚到初中，应让学生培养成阅读浅易"文言"的能力。这一条，从"百年大计"而观照之，不是不重要的。中华文化之弘扬与复兴光大，离开这一条就会趑趄。

  我脱离现实过久，所说的一些拙见，未必切合今日之需要，只是仅供参考之意。不当之处，敬祈指正。

弘一法师由翩翩公子一变而为留学生,又变而为教师,三变而为道人,四变而为和尚。每做一种人,都做得十分像样。好比全能的优伶:起青衣像个青衣,起老生像个老生,起大面又像个大面……都是认真的缘故。

怀李叔同先生

丰子恺

距今二十九年前,我十七岁的时候,最初在杭州的浙江省立第一师范学校里见到李叔同先生,即后来的弘一法师。那时我是预科生,他是我们的音乐教师。我们上他的音乐课时,有一种特殊的感觉:严肃。摇过预备铃,我们走向音乐教室,推进门去,先吃一惊:李先生早已端坐在讲台上。以为先生总要迟到而嘴里随便唱着、喊着,或笑着、骂着而推进门去的同学,吃惊更是不小。他们的唱声、喊声、笑声、骂声以门槛为界限而忽然消灭。接着是低着头,红着脸,去端坐在自己的位子里。端坐在自己的位子里偷偷地仰起头来看看,看见李先生的高高的瘦削的上半身穿着整洁的黑布马褂,露出在讲桌上,宽广得可以走马的前额,细长的凤眼,隆正的鼻梁,形成威严的表情。扁平而阔的嘴唇两端常有深涡,显示和爱的表情。这副相貌,用"温而厉"三个字来描写,大概差不多了。讲桌上放着点名簿、讲义，以及他的教课笔记簿、粉笔。钢琴衣解开着，琴盖开着，谱表摆着，琴头上又放着一只时表，闪闪的金光直射到我们的眼中。黑板（是上下两块可以推动的）上早已清楚地写好本课内所应写的东西（两块都写好，上块盖着下块，用下块时把上块推开）。在这样布置的讲台上，李先生端坐着。坐到上课铃响出（后来我们知道他这脾气，上音乐课必早到。故上课铃响时，同学早已到齐），他站起身来，深深地一鞠躬，课就开始了。这样地上课，空气严肃得很。

有一个人上音乐课时不唱歌而看别的书，有一个人上音乐课时吐痰在地板上，以为李先生不看见的，其实他都知道。但他不立刻责备，等到下课后，他用很轻而严肃的声音郑重地说："某某等一等出去。"于是这位某某同学只得站着。等到别的同学都出去了，他又用轻而严肃的声音向这某某同学和气地说："下次上课时不要看别的书。"或者："下次痰不要吐在地板上。"说过之后他微微一鞠躬，表示"你出去吧"。出来的人大都脸上发红。又有一次下音乐课，最后出去的人无心把门一拉，碰得太重，发出很大的声音。他走了数十步之后，李先生走出门来，满面和气地叫他转来。等他到了，李先生又叫他进教室来。进了教室，李先生用很轻而严肃的声音向他和气地说："下次走出教室，轻轻地关门。"就对他一鞠躬，送他出门，自己轻轻地把门关了。最不易忘却的，是有一次上弹琴课的时候。我们是师范生，每人都要学弹琴，全校有五六十架风琴及两架钢琴。风琴每室两架,给学生练习用;钢琴一架放在唱歌教室里,一架放在弹琴教室里。上弹琴课时,十数人为一组,环立在琴旁,看李先生范奏。有一次正在范奏的时候,有一个同学放一个屁,没有声音,却是很臭。钢琴及李先生十数同学全部沉浸在亚莫尼亚气体中。同学大都掩鼻或发出讨厌的声音。李先生眉头一皱,管自弹琴(我想他一定屏息着)。弹到后来,亚莫尼亚气散光了,他的眉头方才舒展。教完以后,下课铃响了。李先生立起来一鞠躬,表示散课。散课以后,同学还未出门,李先生又郑重地宣告:"大家等一等去,还有一句话。"大家又肃立了。李先生又用很轻而严肃的声音和气地说:"以后放屁,到门外去,不要放在室内。"接着又一鞠躬,表示叫我们出去。同学都忍着笑,一出门来,大家快跑,跑到远处去大笑一顿。

李先生用这样的态度来教我们音乐,因此我们上音乐课时,觉得比上其他一切课更严肃。同时对于音乐教师李叔同先生,比对其他教师更敬仰。那时的学校,首重的是所谓"英、国、算",即英文、国文和算学。在别的学校里,这三门功课的教师最有权威;而在我们这师范学校里,音乐教师最有权威,因为他是李叔同先生的缘故。

李叔同先生为什么能有这种权威呢?不仅为了他学问好,不仅为了他音乐好,主要的还是为了他态度认真。李先生一生的最大特点是"认真"。他对于一件事,不做则已,要做就非做得彻底不可。

他出身于富裕之家，他的父亲是天津有名的银行家。他是第五位姨太太所生。他父亲生他时，年已七十二岁。他堕地后就遭父丧，又逢家庭之变，青年时就陪了他的生母南迁上海。在上海南洋公学读书奉母时，他是一个翩翩公子。当时上海文坛有著名的沪学会，李先生应沪学会征文，名字屡列第一。从此他就为沪上名人所器重，而交游日广，终以"才子"驰名于当时的上海。所以后来他母亲死了，他赴日本留学的时候，作一首《金缕曲》，词曰：

> 披发佯狂走。莽中原，暮鸦啼彻，几枝衰柳。破碎河山谁收拾，零落西风依旧。便惹得离人消瘦。行矣临流重太息，说相思，刻骨双红豆。愁黯黯，浓于酒。漾情不断淞波溜。恨年年，絮飘萍泊，遮难回首。二十文章惊海内，毕竟空谈何有！听匣底，苍龙狂吼。长夜凄风眠不得，度群生，那惜心肝剖。是祖国，忍孤负。

读这首词，可想见他当时豪气满胸，爱国热情炽盛。他出家时把过去的照片通通送我，我曾在照片中看见过当时在上海的他：丝绒碗帽，正中缀一方白玉，曲襟背心，花缎袍子，后面挂着胖辫子，底下缎带扎脚管，双梁厚底鞋子，头抬得很高，英俊之气，流露于眉目间。真是当时上海一等的翩翩公子。这是最初表示他的特性：凡事认真。他立意要做翩翩公子，就彻底地做一个翩翩公子。

后来他到日本，看见明治维新的文化，就渴慕西洋文明。他立刻放弃了翩翩公子的态度，改做一个留学生。他入东京美术学校，同时又入音乐学校。这些学校都是模仿西洋的，所教的都是西洋画和西洋音乐。李先生在南洋公学时英文学得很好；到了日本，就买了许多西洋文学书。他出家时曾送我一部残缺的原本《莎士比亚全集》，他对我说："这书我从前细读过，有许多笔记在上面，虽然不全，也是纪念物。"由此可想见他在日本时，对于西洋艺术全面进攻，绘画、音乐、文学、戏剧都研究。后来他在日本创办春柳剧社，纠集留学同志，并演当时西洋著名的悲剧《茶花女》(小仲马著)。他自己把腰束小，扮作茶花女，粉墨登场。这照片，他出家时也送给我，一向归我保藏；直到抗战时为兵火所毁。现在我还记得这照片：卷发，白的上衣，白的长裙拖着地面，腰身小到一把，两手举起托着后头，头向右歪侧，眉峰紧蹙，眼波斜睇，正是茶花女自伤命薄的神情。另外还有许多演剧的照片，不可胜记。这春柳剧社后来迁回中国，李先生就脱出，由另一班人去办，便是中国最初的话剧社。由此可以想见，李先生在日本时，是彻头彻尾的一个留学生。我见过他当时的照片：高帽子、硬领、硬袖、燕尾服、史的克、尖头皮鞋，加之长身、高鼻，没有脚的眼镜夹在鼻梁上，竟活像一个西洋人。这是第二次表示他的特性：凡事认真。学一样，像一样。要做留学生，就彻底地做一个留学生。

他回国后，在上海《太平洋报》社当编辑。不久，就被南京高等师范请去教图画、音乐。后来又应杭州师范之聘，同时兼任两个学校的课，每月中半个月住南京，半个月住杭州。两校都请助教，他不在时由助教代课。我就是杭州师范的学生。这时候，李先生已由留学生变为教师。这一变，变得真彻底：漂亮的洋装不穿了，却换上灰色粗布袍子、黑布马褂、布底鞋子。金丝边眼镜也换了黑的钢丝边眼镜。他是一个修养很深的美术家，所以对于仪表很讲究。虽然布衣，却很称身，常常整洁。他穿布衣，全无穷相，而另具一种朴素的美。你可想见，他是扮过茶花女的，身材生得非常窈窕。穿了布衣，仍是一个美男子。"淡妆浓抹总相宜"，这诗句原是描写西子的，但拿来形容我们的李先生的仪表，也很适用。今人侈谈"生活艺术化"，大都好奇立异，非艺术的。李先生的服装，才真可称为生活的艺术化。他一时代的服装，表出着一时代的思想与生活。各时代的思想与生活判然不同，各时代的服装也判然不同。布衣布鞋的李先生，与洋装时代的李先生、曲襟背心时代的李先生，判若三人。这是第三次表示他的特性：认真。

我二年级时，图画归李先生教。他教我们木炭石膏模型写生。同学一向描惯临画，起初无从着手。四十余人中，竟没有一个人描得像样的。后来他范画给我们看。画毕把范画揭在黑板上。同学们大都看着黑板临摹。只有我和少数同学，依他的方法从石膏模型写生。我对于写生，从这时候开始发生兴味。我到此时，恍然大悟：那些粉本原是别人看了实物而写生出来的。我们也应该直接从实物写生入手，何必临摹他人，依样画葫芦呢？于是我的画进步起来。此后李先生与我接近的机会更多。因为我常去请他教画，又教日本文，以后的李先生的生活，我所知道的较为详细。他本来常读性理的书，后来忽然信了道教，案头常常放着道藏。那时我还是一个毛头青年，谈不到宗教。李先生除绘事外，并不对我谈道。但我发现他的生活日渐收敛起来，仿佛一个人就要动身赴远方时的模样。他常把自己不用的东西送给我。他的朋友日本画家大野隆德、河合新藏、三宅克己等到西湖来写生时，他带了我去请他们吃一次饭，以后就把这些日本人交给我，叫我引导他们（我当时已能讲普通应酬的日本话）。他自己就关起房门来研究道学。有一天，他决定入大慈山去断食，我有课事，不能陪去，由校工闻玉陪去。数日之后，我去望他。见他躺在床上，面容消瘦，但精神很好，对我讲话，同平时差不多。他断食共十七日，由闻玉扶起来，摄一个影，影片上端由闻玉题字："李息翁先生断食后之像，侍子闻玉题。"这照片后来制成明信片分送朋友。像的下面用铅字排印着："某年月日，入大慈山断食十七日，身心灵化，欢乐康强——欣欣道人记。"李先生这时候已由教师一变而为道人了。

学道就断食十七日，也是他凡事认真的表示。

但他学道的时候很短。断食以后，不久他就学佛。他自己对我说，他的学佛是受马一浮先生指示的。出家前数日，他同我到西湖玉泉去看一位程中和先生。这程先生原来是当军人的，现在退伍，住在玉泉，正想出家为僧。李先生同他谈得很久。此后不久，我陪大野隆德到玉泉去投宿，看见一个和尚坐着，正是这位程先生。我想称他"程先生"，觉得不合。想称他法师，又不知道他的法名（后来知道是弘伞）。一时周章得很。我回去对李先生讲了，李先生告诉我，他不久也要出家为僧，就做弘伞的师弟。我愕然不知所对。过了几天，他果然辞职，要去出家。出家的前晚，他叫我和同学叶天瑞、李增庸三人到他的房间里，把房间里所有的东西送给我们三人。第二天，我们三人送他到虎跑。我们回来分得了他的"遗产"，再去望他时，他已光着头皮，穿着僧衣，俨然一位清癯的法师了。我从此改口，称他为"法师"。法师的僧腊二十四年。这二十四年中，我颠沛流离，他一贯到底，而且修行功夫愈进愈深。当初修净土宗，后来又修律宗。律宗是讲究戒律的，一举一动，都有规律，严肃认真之极。这是佛门中最难修的一宗。数百年来，传统断绝，直到弘一法师方才复兴，所以佛门中称他为"重兴南山律宗第十一代祖师"。他的生活非常认真。举一例说：有一次我寄一卷宣纸去，请弘一法师写佛号。宣纸多了些，他就来信问我，余多的宣纸如何处置？又有一次，我寄回件邮票去，多了几分。他把多的几分寄还我。以后我寄纸或邮票，就预先声明：余多的送与法师。有一次他到我家。我请他藤椅子里坐。他把藤椅子轻轻摇动，然后慢慢地坐下去。起先我不敢问。后来看他每次都如此，我就启问。法师回答我说："这椅子里头，两根藤之间，也许有小虫伏着。突然坐下去，要把它们压死，所以先摇动一下，慢慢地坐下去，好让它们走避。"读者听到这话，也许要笑。但这正是做人极度认真的表示。

如上所述，弘一法师由翩翩公子一变而为留学生，又变而为教师，三变而为道人，四变而为和尚。每做一种人，都做得十分像样。好比全能的优伶：起青衣像个青衣，起老生像个老生，起大面又像个大面……都是认真的缘故。

现在弘一法师在福建泉州圆寂了。噩耗传到贵州遵义的时候，我正在束装，将迁居重庆。我发愿到重庆后替法师画像一百帧，分送各地信善，刻石供养。现在画像已经如愿了。我和李先生在世间的师弟尘缘已经结束，然而他的遗训——认真——永远铭刻在我心头。

　　　　一九四三年四月，弘一法师圆寂后一百六十七日，
　　　　　　　作于四川五通桥客寓

[全书完]